LA FEMME EN MOI

www.editions-jclattes.fr

Britney Spears

LA FEMME EN MOI

Traduit de l'anglais (États-Unis)
par Cyrille Rivallan et Marion Roman

JC Lattès

Titre de l'édition originale :
THE WOMAN IN ME
publiée par Gallery Books,
un département de Simon & Schuster, Inc., New York.

Couverture : Le Petit Atelier, d'après le design de Lisa Litwack
Photographie : © Herb Ritts/Trunk Archive

ISBN : 978-2-7096-7121-7

(Première édition : octobre 2023)

Pour mes fils, les deux amours de ma vie

Prologue

Enfant, je passais des heures à chanter en me promenant seule dans les forêts silencieuses derrière chez moi en Louisiane. Sortir m'a permis de comprendre le sens de la vie et du danger. Quand j'étais petite, ma mère et mon père se battaient sans arrêt. Il était alcoolique, alors la plupart du temps, à la maison, j'avais peur. Dehors, ce n'était peut-être pas fabuleux, mais au moins, je me sentais à ma place. Et qu'on appelle ça l'enfer ou le paradis, c'était mon monde à moi.

Avant de rentrer, je suivais un sentier jusqu'à la maison de nos voisins. Je traversais une cour paysagée, longeais la piscine et tombais sur leur jardin de pierres : des galets tout doux qui emmagasinaient la chaleur et vous la restituaient d'une façon irrésistible. Je m'y allongeais et, les yeux tournés vers le ciel, savourant la tiédeur qui m'enveloppait, je songeais : « Je peux tracer mon propre chemin dans la vie. Je peux réaliser mes rêves. »

Étendue sur les galets dans le silence, je sentais la présence de Dieu.

1

Autrefois, dans le sud des États-Unis, l'éducation des enfants se résumait pour l'essentiel à leur apprendre à respecter leurs parents et à se taire. (Aujourd'hui, les règles ont changé, et c'est le respect des enfants qui prime.) Dans ma famille, manifester son désaccord n'était pas toléré. Aussi grave soit la situation à la maison, il était entendu qu'il fallait garder le silence, et si je ne le faisais pas, j'en payais le prix.

Dans la Bible, il est dit que la langue est un glaive. Ma langue et mon glaive à moi, c'était mon chant.

J'ai chanté pendant toute mon enfance. Je chantais en écoutant la radio dans la voiture qui me conduisait à mon cours de danse. Je chantais quand j'étais triste. Pour moi, chanter relevait de la spiritualité.

Je suis née et j'ai suivi toute ma scolarité à McComb, dans le Mississippi. J'ai ensuite vécu à Kentwood, en Louisiane, à quarante kilomètres.

À Kentwood, tout le monde se connaissait. Personne ne fermait sa porte à clé, la vie sociale tournait autour de l'église et des barbecues, les enfants portaient des tenues assorties et tout le monde savait manier une arme à feu. Le principal site historique de la région, c'est Camp Moore, une base d'entraînement militaire des Confédérés construite par Jefferson Davis. Chaque année, le week-end qui précède Thanksgiving, on y donne des reconstitutions de batailles de la guerre de Sécession. Ce spectacle d'hommes en costume militaire donne le coup d'envoi de la saison des fêtes. J'adorais cette période de l'année : le chocolat chaud, l'odeur du feu dans la cheminée du salon, la couleur des feuilles qui jonchaient le sol.

On habitait une petite maison en brique rouge aux murs tapissés de papier peint à rayures vertes et recouverts de lambris. Quand j'étais petite, je fréquentais tout autant le fast-food Sonic, sa piste de karting et ses terrains de basket, que les bancs de la Parklane Academy, une petite école chrétienne.

La première fois que j'ai été émue au point d'en avoir des frissons, c'est quand j'ai entendu notre aide ménagère chanter dans la buanderie. Je m'occupais toujours des lessives et du repassage de toute la famille, mais quand les finances le permettaient, ma mère embauchait quelqu'un pour nous aider.

L'aide ménagère fredonnait du gospel, et cela a été une véritable révélation, la découverte d'un tout nouveau monde. Je ne l'oublierai jamais.

Depuis ce temps-là, mon envie et ma passion pour le chant n'ont cessé de se développer. Chanter, c'est magique. Quand je chante, je suis maître de moi. Cela permet une forme de communication pure. On quitte alors le registre du « Salut, ça va ? » pour exprimer des choses bien plus profondes. Chanter me transporte dans une dimension mystique où le langage devient insignifiant et où tout devient possible.

Enfant, je n'aspirais qu'à une chose : quitter mon quotidien pour m'élever vers cet ailleurs où je pouvais m'exprimer sans calcul. Lorsque je me trouvais seule avec mes pensées, mon esprit était plein de craintes et d'inquiétudes. La musique coupait court à cette agitation, me donnait confiance en moi et m'emportait vers un lieu pur où je pouvais exprimer très exactement ce que je souhaitais donner à voir et à entendre. Chanter me permettait d'accéder au divin. Tant que je chantais, j'étais presque hors du monde. Physiquement, j'étais en train de jouer dans la cour comme tous les autres enfants, mais mon cerveau, mes émotions, mes espoirs, eux, évoluaient ailleurs.

Je m'appliquais à donner au monde l'apparence qu'il avait dans mes rêves. Avec mes copines, on mettait les tubes de Mariah Carey et je filmais des clips puérils avec le plus grand sérieux. À huit ans, je me prenais pour une réalisatrice. Autour de moi, personne ne faisait ce genre de choses. Mais je savais à quoi ressemblaient mes rêves et je m'efforçais de façonner le monde réel à leur image.

Les artistes créent des univers et incarnent des personnages parce qu'ils ont besoin de s'évader dans l'imaginaire. M'évader, c'était pile ce dont j'avais besoin. Je ne demandais qu'à vivre dans mes rêves, dans cette merveilleuse fiction, sans jamais avoir à me soucier de la réalité à moins d'y être contrainte et forcée. Chanter, c'était pour moi jeter un pont entre le réel et l'imaginaire, entre ce monde dans lequel je vivais et celui dont je rêvais si ardemment.

La tragédie, chez nous, c'est de famille. Mon second prénom me vient de ma grand-mère paternelle, Emma Jean Spears, dite Jean. D'après les photos que j'ai vues d'elle, je comprends pourquoi on me comparait tout le temps à ma grand-mère. Mêmes cheveux blonds. Même sourire. Elle ne faisait pas son âge.

Mon grand-père June Spears était un mari violent. Lorsque Jean a perdu un de ses enfants, mort trois jours après sa naissance, son mari l'a fait interner au Southeast Louisiana Hospital, un asile d'aliénés de Mandeville à la réputation effroyable. Là, ma grand-mère a été mise sous lithium. En 1966, à trente et un ans, elle s'est tuée avec un fusil de chasse sur la tombe de son nourrisson, un peu plus de huit ans après sa mort. Je n'arrive pas à imaginer à quel point elle a dû souffrir.

Dans le Sud, on parle ainsi des hommes de la trempe de mon grand-père : « Rien n'est jamais assez bien pour lui », « c'est un perfectionniste », « un père très investi ». Personnellement, je mâcherais un peu moins mes mots.

Obsédé par le sport, mon grand-père forçait mon père à s'entraîner jusqu'à ce qu'il ne tienne plus debout. Tous les jours, après son cours de basket, il devait faire cent paniers supplémentaires avant d'avoir le droit de rentrer dans la maison. Même quand il tombait de fatigue et qu'il mourait de faim.

Officier de police à Bâton-Rouge, mon grand-père a eu dix enfants avec trois femmes différentes. Pour autant que je sache, personne n'a quoi que ce soit de positif à raconter sur les cinquante premières années de sa vie. Même dans la famille, on a toujours pensé que, chez les Spears, les hommes, c'était de la mauvaise graine, surtout dans leurs relations avec les femmes.

Jean n'est pas la seule que mon grand-père a expédiée à l'hôpital psychiatrique. Sa deuxième épouse a séjourné à Mandeville, elle aussi. Une des demi-sœurs de mon père affirme que June abusait d'elle ; il aurait commencé quand elle avait onze ans et continué jusqu'à ce qu'elle fugue l'année de ses seize ans.

Mon père, lui, en avait treize quand sa mère est morte sur la tombe de son bébé. Je sais que ce traumatisme explique en partie la façon dont il nous a traités, mon frère, ma sœur et moi, que c'est pour ça que rien ne trouvait jamais grâce à ses yeux. Mon père s'acharnait sur mon frère pour qu'il excelle en sport. Il s'abrutissait de boisson et disparaissait plusieurs jours d'affilée. Et quand il se soûlait, il devenait extrêmement méchant.

Mon grand-père June, en revanche, s'était adouci avec l'âge. Comme je n'ai pas connu le tyran qui avait maltraité mon père, ainsi que ses frères et sœurs, il me semblait plutôt gentil et patient.

Mon père et ma mère venaient de mondes radicalement différents.

Si j'en crois ma mère, sa propre mère, Lilian Portell, dite Lily, descendait d'une famille londonienne élégante et raffinée. Ma grand-mère possédait un charme exotique qui lui valait toutes sortes de commentaires ; non seulement sa mère était anglaise, mais son père venait de l'île de Malte. Elle avait un oncle relieur. Chez elle, tout le monde jouait d'un ou plusieurs instruments et adorait chanter.

Pendant la Seconde Guerre mondiale, à un bal donné pour les soldats, Lily a fait la connaissance d'un soldat américain du nom de Barney Bridges, qui allait devenir mon grand-père. Il était chauffeur pour les généraux et fan de vitesse.

Quand il l'a ramenée en Amérique, quelle déception pour Lily ! Elle s'était imaginé mener outre-Atlantique le même genre d'existence qu'à Londres. Dans la voiture qui la conduisait de La Nouvelle-Orléans à l'exploitation laitière de son jeune mari, elle avait été consternée par le paysage désolé qui défilait par la fenêtre.

— Mais où sont les lumières ? répétait-elle à Barney.

Je pense parfois à ma grand-mère traversant les vastes étendues de la campagne de Louisiane, le regard perdu dans la nuit, comprenant qu'elle avait troqué une vie riche et animée faite de musique, de thés en bonne société et de virées au musée, contre un quotidien dur et étriqué. Au lieu de sortir au théâtre ou d'aller faire les boutiques, elle s'apprêtait à vivre confinée à la campagne, avec pour seules occupations la cuisine, le ménage et la traite des vaches.

Alors ma grand-mère s'isolait et lisait des tonnes de livres. Elle est devenue maniaque du ménage et elle a souffert du mal du pays jusqu'à sa mort. Dans ma famille, on disait que Barney ne voulait pas qu'elle retourne à Londres, de peur qu'elle n'en revienne jamais.

D'après ma mère, Lily était tellement distraite et perdue dans ses pensées qu'elle avait tendance à débarrasser la table avant que les convives n'aient fini leur assiette.

Moi, tout ce que je savais, c'était que ma grand-mère était belle et que c'était amusant d'imiter son accent britannique. Depuis toujours, parler avec l'accent anglais me ravit, parce que cela me fait penser à elle, ma mamie distinguée. Enfant, je rêvais d'avoir les mêmes manières irréprochables et les mêmes inflexions de voix qu'elle.

Grâce à Lily, Lynne (ma mère), Sonny (mon oncle) et Sandra (ma tante) ont grandi dans ce qu'on pourrait appeler l'« opulence », surtout dans leur coin reculé de Louisiane. Bien que protestante, ma mère est allée à l'école catholique. Adolescente, elle était sublime avec ses cheveux d'un noir de jais coupés à la garçonne. Même à l'école, elle ne portait que des cuissardes vertigineuses et des minijupes microscopiques. Elle avait sa clique de copains gays qui lui faisaient faire des tours à moto.

Il n'est donc pas étonnant que mon père se soit intéressé à elle. Or mon père était un athlète hors pair – sans doute grâce au régime sportif excessif auquel l'astreignait June. Les gens parcouraient des kilomètres pour le voir jouer au basket.

Quand ma mère l'a vu la première fois, elle s'est exclamée : « Waouh ! C'est qui ce type ? »

Tout le monde s'accorde à dire que leur relation est née d'une attirance réciproque et d'un goût commun pour l'aventure. Mais la lune de miel s'est achevée bien avant que je pointe le bout de mon nez.

2

Une fois mariés, mes parents ont emménagé dans une petite maison à Kentwood. Ma mère, qui avait perdu le soutien financier de sa famille, et mon père vivaient dans la misère. D'autant qu'ils étaient très jeunes – ma mère avait vingt et un ans, mon père vingt-trois. En 1977, mon grand frère Bryan est né. Mes parents ont alors quitté ce premier logement minuscule et ont acheté une maison de trois pièces de style ranch.

Après la naissance de Bryan, ma mère a repris ses études pour devenir institutrice. Mon père, qui travaillait comme soudeur dans les raffineries de pétrole, un métier éprouvant, enchaînait les petits contrats d'un à trois mois maximum. Il s'est mis à boire, énormément, ce qui n'a pas tardé à avoir des répercussions sur sa vie de famille. D'après ma mère, ils n'étaient mariés que depuis quelques années quand mon grand-père Barney est mort dans un accident de voiture. Pour l'occasion, mon père s'est pris une telle cuite qu'il a raté le premier anniversaire de Bryan. Plus tard, alors que Bryan était encore tout petit, mon père s'est soûlé à une fête de Noël et, le 25 au matin, il manquait à l'appel. Cette fois, ma mère a dit stop. Elle est retournée vivre chez ma grand-mère Lily. Au mois de mars 1980, elle a demandé le divorce. Mais mon grand-père June et sa nouvelle épouse l'ont suppliée de donner une seconde chance à mon père, et ma mère a cédé.

Ensuite – en apparence, du moins – les choses se sont calmées pendant un temps. Mon père a lâché son boulot de soudeur pour se lancer dans le bâtiment. Puis, après bien des difficultés, il a monté un club de sport, appelé Total Fitness, qui a converti au bodybuilding un certain nombre d'habitants de Kentwood, dont mes oncles. Depuis qu'il avait installé une salle dans un préfabriqué sur notre terrain, juste à côté de la maison, c'était un défilé permanent de types musclés venus gonfler leurs pecs devant des miroirs, sous les néons.

Mon père a commencé à plutôt bien gagner sa vie. Il est même devenu l'un des hommes les plus riches de notre petite ville. Mes parents invitaient leurs proches à des barbecues ou à des cocktails et les régalaient de ragoût d'écrevisses. Ils organisaient des fêtes incroyables, où tout le monde dansait toute la nuit. (Je n'ai jamais pu m'empêcher de penser que leur ingrédient secret pour rester debout jusqu'au petit matin devait être le speed, la drogue de prédilection à l'époque.)

Avec sa sœur Sandra, ma mère a ouvert une crèche. Pour consolider leur couple, mes parents ont alors eu un deuxième enfant : moi. Je suis née le 2 décembre 1981. Ma mère ne ratait jamais une occasion de me rappeler que l'accouchement avait duré vingt et une heures et qu'elle avait dégusté.

* * *

J'adorais les femmes de ma famille. Ma tante Sandra, qui avait déjà deux fils, a eu à trente-cinq ans un bébé surprise, ma cousine Laura Lynne. Nous n'avions qu'un an d'écart, et étions les meilleures amies du monde, de vraies jumelles. De même que Laura Lynne a toujours été comme une sœur pour moi, Sandra était comme ma seconde maman. Elle n'hésitait pas à m'encourager, toujours fière de moi.

Si ma grand-mère Jean était morte bien avant ma naissance, j'ai eu la chance de connaître sa mère, mon arrière-grand-mère Lexie Pierce. Lexie n'était pas seulement belle, elle était canon ! Toujours maquillée de la même façon : le teint ultra-blanc et la bouche ultra-rouge. Elle était hyper-cool, et pas du genre à virer réac avec l'âge. Au contraire. On racontait qu'elle avait eu sept maris (sept !), ce que je n'avais aucun mal à croire. Rien d'étonnant à ce qu'elle ne porte pas June, son gendre, dans son cœur, même si, après la mort de sa fille Jean, elle était restée dans les parages pour s'occuper de ses petits-enfants, puis de leurs propres enfants.

Lexie et moi étions très proches. Mes souvenirs d'enfance les plus joyeux sont des moments que j'ai partagés avec mon arrière-grand-mère. J'allais dormir chez elle comme je serais allée chez une copine. On passait la soirée rien que toutes les deux. En pleine nuit, on farfouillait dans les tiroirs de sa coiffeuse. Le matin, elle me préparait de copieux petits déjeuners. Sa meilleure amie, qui habitait la maison voisine, se joignait à nous pour écouter des ballades des années 50 qu'on choisissait parmi la collection de 33 tours de Lexie. Pendant la journée, on faisait la sieste côte à côte. J'adorais m'endormir à son côté, grisée par l'odeur de sa poudre et de son parfum, bercée par sa respiration de plus en plus profonde et calme.

Un jour, Lexie et moi sommes sorties louer une cassette vidéo. En quittant le parking, elle a percuté un véhicule avec sa voiture et on a fini dans le fossé. Impossible d'en ressortir. Il a fallu faire venir une dépanneuse. Cet accident a fait peur à ma mère. À compter de ce jour, je n'ai plus eu le droit d'aller chez mon arrière-grand-mère.

— Mais c'était juste un accrochage ! ai-je protesté.

Je suppliai ma mère de me laisser voir Lexie. Elle était ma personne préférée au monde !

— Non, a répliqué ma mère. Je crains qu'elle ne commence à perdre la boule. Ce n'est pas raisonnable de te laisser seule avec elle.

J'ai pu continuer de la voir chez moi, à la maison, mais c'en était fini de nos virées en voiture et de nos soirées pyjama. J'en ai beaucoup souffert. Je ne comprenais pas en quoi passer du temps en compagnie de quelqu'un qui m'était cher pouvait être dangereux pour moi.

Ce que j'aimais par-dessus tout, à cet âge-là, à part aller chez Lexie, c'était me cacher dans les placards. Dans la famille, c'était devenu un sketch. « Britney a encore disparu ! » Chez ma tante, je n'arrêtais pas de me cacher, pendant que les autres organisaient une vraie battue dans la maison. Et, pile au moment où ils allaient se mettre à paniquer, ils ouvraient un placard, et j'étais là.

Il faut croire que j'avais envie qu'ils me cherchent. Pendant des années, ça a été mon truc : je me cachais.

Ces grandes parties de cache-cache étaient un moyen d'attirer l'attention. J'adorais aussi la danse et le chant. Je chantais dans la chorale de l'église et je prenais des cours de danse trois soirs par semaine, plus le samedi. À cela sont venus s'ajouter des cours de gym à Covington, à une heure de route de chez nous. La danse, le chant, les acrobaties, il m'en fallait toujours plus.

À l'école primaire, durant la journée d'orientation, je prétendais vouloir devenir avocate, mais tous les voisins et les maîtresses estimaient que j'étais déjà en route pour Broadway. Alors, au bout d'un moment, j'ai assumé qui j'étais, à savoir « la starlette ».

Je n'avais que trois ans lors de mon premier gala de danse, j'en avais quatre quand j'ai interprété « What Child Is This » pour le spectacle de Noël de la crèche de ma mère – c'était mon premier solo.

Si j'aimais me cacher, j'aspirais également à être vue. L'un n'empêche pas forcément l'autre. Tapie au fond d'un placard froid, je me sentais si petite que j'aurais pu disparaître. Mais quand tous les regards étaient rivés sur moi, je me transformais, je devenais une personne capable de dominer une salle entière. Quand je donnais de la voix en collants blancs, j'avais la conviction que rien n'était impossible.

3

— Madame Lynne ! Madame Lynne ! criait le garçon tout essoufflé dans l'entrée. Il faut que vous veniez ! Vite, vite !

J'avais quatre ans et j'étais assise sur le canapé du salon entre ma mère et ma grande copine Cindy. Kentwood ressemblait au décor d'un feuilleton télé, avec tout un tas de rebondissements. Cindy était en train de commenter avec ma mère le dernier scandale de la ville quand la porte s'est ouverte à la volée. Il m'a suffi de voir la tête que faisait le garçon pour comprendre que quelque chose de grave venait de se produire.

Aussitôt, ma mère et moi, on s'est précipitées dehors. La route venait d'être refaite, et j'étais pieds nus sur le goudron brûlant. Chaque pas m'arrachait un cri. En baissant les yeux, j'ai vu mes pieds tout englués.

Enfin, nous sommes arrivées dans le pré où mon frère Bryan et ses copains du quartier jouaient. Ils s'étaient mis en tête de tondre des herbes hautes avec leurs quads. Idée idiote, certes, mais sur le coup ils avaient trouvé ça malin. Évidemment, aveuglés par les herbes en question, ils s'étaient foncé dedans et s'étaient percutés de plein fouet.

J'ai certainement assisté à toute la scène, entendu les hurlements de douleur de Bryan et les cris horrifiés de ma mère, mais je n'en garde aucun souvenir. Je crois que Dieu a effacé cet épisode de ma mémoire pour m'éviter d'être traumatisée à vie par cette scène de panique, par la souffrance de mon grand frère et par la vision de son corps fracassé.

Bryan a été hélitreuillé jusqu'à l'hôpital le plus proche.

Quand je lui ai rendu visite, quelques jours plus tard, il était entièrement plâtré. Il s'était visiblement fracturé la quasi-totalité des os. Mais le détail le plus horrible, à mes yeux d'enfant, c'est qu'il devait faire pipi par un petit trou percé dans son plâtre intégral.

Malgré moi, j'ai remarqué un autre détail. La chambre d'hôpital débordait de jouets. Mes parents étaient tellement soulagés que Bryan ne soit pas mort que, pendant sa convalescence, c'était un peu Noël tous les jours. Ma mère était aux petits soins parce qu'elle se sentait coupable. Aujourd'hui encore, il faut la voir obéir à tous ses caprices ! C'est drôle comme, en une fraction de seconde, les cartes peuvent être rebattues à tout jamais au sein d'une famille.

Cet accident m'a aussi beaucoup rapprochée de mon frère. Malgré mon jeune âge, j'avais conscience de ce qu'il vivait et j'en étais sincèrement chagrinée. On a donc tissé un lien fort. Quand il est sorti de l'hôpital, je ne l'ai plus quitté d'une semelle. Je dormais près de lui toutes les nuits. Comme il était toujours plâtré de la tête aux pieds, il avait un lit spécial. Au bout, il y avait un petit matelas pour moi. Parfois, je le rejoignais sur le sien pour lui faire un câlin.

Lorsqu'on lui a retiré son plâtre, et pendant les années suivantes, j'ai continué de partager son lit. J'avais beau n'être qu'une toute petite fille, je me rendais bien compte qu'entre son accident et la pression que mon père lui faisait subir mon grand frère n'avait pas une vie facile. J'avais envie de lui apporter du réconfort.

Puis, au bout de quatre ans, ma mère est intervenue :

— Britney, tu vas bientôt entrer en sixième. Il est temps que tu dormes dans ta propre chambre.

J'ai refusé.

J'étais un vrai bébé ! Je ne voulais pas dormir seule. Mais maman a insisté, et j'ai été obligée de céder.

Une fois habituée à dormir seule, j'ai aimé avoir un espace à moi, ce qui ne m'a pas empêchée de rester extrêmement proche de mon frère. Il m'adorait. Quant à moi, je l'aimais d'un amour infiniment tendre et protecteur. J'aurais voulu qu'il n'ait plus jamais mal de sa vie. Je l'avais déjà vu tant souffrir.

Quand mon frère a commencé à se rétablir, nous nous sommes davantage impliqués dans la vie de la communauté. Comme ce n'était qu'une ville de quelques milliers d'habitants, tout le monde sortait pour encourager les trois grands défilés annuels : mardi gras, le 4 juillet et Noël. Toute la ville les attendait avec impatience. Les rues étaient noires de monde, les gens souriaient et faisaient des signes de la main, oubliant leurs malheurs le temps d'une journée à s'amuser en regardant leurs voisins arpenter tranquillement la Highway 38.

Une année, quelques enfants et moi avons décidé de décorer une voiturette de golf et de la faire défiler pour mardi gras. On était probablement huit, et comme vous vous en doutez, c'était beaucoup trop. Il y avait trois enfants sur la banquette, deux ou trois qui se tenaient sur les côtés en s'accrochant au petit toit, et encore un ou deux qui se balançaient à l'arrière. Le poids était tel que les pneus étaient quasiment à plat. On était tous habillés comme au XIXe siècle, je ne me souviens plus pourquoi. J'étais assise à l'avant, sur les genoux des plus grands, et je saluais la foule. Avec autant d'enfants dans une voiturette de golf, et ses pneus à plat, elle était dure à manœuvrer. Ajoutez à cela tous les rires, les saluts adressés à la foule et l'énergie déployée… Toujours est-il qu'on a percuté la voiture qui nous précédait à plusieurs reprises, et cela a suffi pour qu'on se fasse expulser du défilé.

4

Quand mon père s'est remis à boire, son affaire a commencé à battre de l'aile.

Au stress qu'engendre le manque de moyens s'ajoutait le chaos que mon père faisait régner chez nous par ses sautes d'humeur permanentes. J'avais particulièrement peur de monter en voiture avec lui parce qu'il parlait tout seul au volant. Je ne comprenais pas ce qu'il disait. Il était perdu dans son propre monde.

Enfant, déjà, je savais qu'il avait ses raisons pour se réfugier dans l'alcool. Il était tendu à cause du travail. Aujourd'hui, il m'apparaît évident qu'il buvait pour oublier les années de sévices que lui avait fait subir son père, June – c'était pour ainsi dire de l'automédication. Mais, sur le coup, je ne comprenais pas pourquoi il se montrait si dur envers nous, ni pour quelle raison, quoi qu'on fasse, on ne pouvait jamais satisfaire ses attentes.

Le plus triste, en ce qui me concernait, c'était que je ne rêvais que d'un papa qui m'aurait aimée telle que j'étais. Un papa qui m'aurait dit : « Je t'aime, un point, c'est tout. Tu pourrais faire n'importe quoi, là, tout de suite, maintenant, je t'aimerais quand même, parce que mon amour pour toi est inconditionnel. »

Si mon père faisait preuve de froideur, d'inconséquence voire de méchanceté envers moi, avec Bryan il était encore plus sévère. Il le poussait tellement à se dépasser dans le domaine du sport que c'en devenait cruel. Durant ces années-là, Bryan souffrait davantage que moi de l'attitude de notre père, qui lui imposait le même régime sportif barbare que celui auquel il avait été lui-même astreint. Il obligeait Bryan à pratiquer le basket et le football américain alors que mon frère n'avait pas le physique pour – en tout cas à l'époque.

Il arrivait aussi que mon père maltraite ma mère, même s'il était plutôt du genre à disparaître de la circulation pendant des jours, quand il en tenait une bonne. À vrai dire, dans ces moments-là, il nous faisait un cadeau. On était plus tranquilles quand il s'absentait.

Le pire, lorsqu'il était à la maison, c'était ma mère, qui passait la nuit à lui hurler dessus. Lui était tellement ivre qu'il était incapable d'articuler un mot. Je me demande même s'il l'entendait vraiment. En revanche, Bryan et moi, on l'entendait très bien. On encaissait sa rage et ses conséquences, sans pouvoir dormir de la nuit. Ses cris ébranlaient toute la maison.

Je déboulais dans le salon en chemise de nuit pour la supplier :

— T'as qu'à lui faire un truc à manger et le mettre au lit ! Il est malade !

À quoi bon engueuler un type à moitié inconscient ? Mais maman ne m'écoutait jamais.

Je regagnais mon lit, furieuse, et je passais le restant de la nuit à fixer le plafond en l'écoutant crier et en la maudissant du fond de mon cœur.

C'est injuste, je sais. C'était mon père qui était soûl. C'était lui qui, par son alcoolisme, nous avait plongés dans la misère. C'était lui qui se vautrait, à deux doigts du coma éthylique, dans ce fauteuil ! Pourtant, c'était à ma mère que j'en voulais le plus. Car, dans ces moments-là, lui ne faisait pas de bruit. Tandis qu'elle n'arrêtait pas de brailler. Or, je tombais de sommeil.

En dépit de ces crises nocturnes, le jour, ma mère tenait la maison de telle sorte que mes copines étaient toujours ravies de venir jouer chez moi, du moins quand mon père avait la bonne idée d'aller se soûler ailleurs. Notre maison était la plus cool du quartier. On avait un vrai comptoir de café avec douze tabourets de bar.

Ma mère ressemblait à toutes les jeunes mamans du sud des États-Unis : elle passait son temps à raconter les derniers potins, à fumer avec ses copines (elle fumait des Virginia Slims, les mêmes que celles que je fume désormais) ou à discuter avec elles au téléphone. À leurs yeux, je n'existais pas. Les enfants les plus grands s'asseyaient au bar face à la télé et jouaient à des jeux vidéo. J'étais la plus jeune, je ne savais pas y jouer, il fallait donc toujours que je bataille pour qu'ils s'intéressent à moi.

Notre maison était un vrai cirque. J'étais toujours en train de danser sur la table basse pour attirer l'attention, et ma mère courait derrière Bryan quand il était petit. Elle sautait par-dessus les banquettes pour l'attraper et lui mettre une fessée quand il lui avait manqué de respect.

J'étais tout le temps surexcitée et je me démenais pour rivaliser d'intérêt avec l'écran du salon ou pour interrompre les conversations des grandes personnes qui papotaient dans la cuisine.

— Britney, ça suffit ! me grondait ma mère. On a des invités. Sois polie. Tiens-toi bien.

Mais je faisais comme si je n'avais rien entendu. Et je trouvais un moyen pour que tout le monde s'intéresse à moi.

5

J'étais discrète, menue, mais quand je me mettais à chanter, je prenais vie, et grâce à mes cours de gym, je savais bouger. L'année de mes cinq ans, j'ai participé à une compétition locale organisée par des chasseurs de talents. J'avais préparé un numéro de danse avec un chapeau haut de forme et une canne que je faisais tournoyer comme un bâton de majorette. Et j'ai gagné. Suite à ça, ma mère a commencé à m'inscrire à toutes sortes de concours aux quatre coins de la région. Sur les photos et les vidéos de cette époque, je porte des tenues absolument ridicules. Pour le spectacle de fin d'année de ma classe de CE2, on peut ainsi me voir affublée d'un tee-shirt violet informe et d'un énorme nœud mauve sur la tête. J'avais l'air d'un vrai paquet-cadeau, c'était affreux.

À force de travail, j'ai suivi mon petit bonhomme de chemin dans l'univers des concours et remporté une compétition régionale à Bâton-Rouge. Assez vite, mes parents ont revu leurs ambitions à la hausse à mon sujet ; il fallait viser mieux que des prix décernés dans des gymnases de lycée. Un jour, ils sont tombés sur l'annonce dans le journal des auditions pour *The All New Mickey Mouse Club*, une émission pour la jeunesse animée par des adolescents, et m'ont suggéré de m'y présenter. On a fait huit heures de route pour rallier Atlanta. Il y avait plus de deux mille candidats. Je devais donc me démarquer, d'autant que, comme nous l'avons appris une fois sur place, le directeur de casting ne cherchait que des plus de dix ans.

Quand Matt Casella (c'était son nom) m'a demandé mon âge, j'ai failli répondre « huit ans ». Heureusement, je me suis rappelé de justesse cette histoire d'âge limite, alors j'ai dit : « Neuf ans. » Il m'a regardée d'un air sceptique.

Pour mon numéro, j'interprétais la chanson « Sweet Georgia Brown » tout en exécutant une choré agrémentée de flips.

Sur les milliers de candidats présents venus de tout le pays, une poignée d'enfants ont été présélectionnés, dont une très belle Californienne un peu plus âgée que moi qui s'appelait Keri Russell.

À une certaine Christina Aguilera, venue de Pennsylvanie, et à moi, Matt nous a assuré que, même si nous n'avions pas été retenues, nous avions du talent. Et qu'une fois qu'on serait plus grandes et qu'on aurait un peu plus d'expérience, on pourrait vraisemblablement rejoindre l'équipe. Il a conseillé à ma mère de m'emmener travailler à New York et lui a recommandé un agent spécialisé dans les jeunes artistes en début de carrière.

Nous n'y sommes pas allées tout de suite. Les six mois qui ont suivi cette expérience, je les ai passés en Louisiane à jouer les apprenties serveuses au Granny's Seafood and Deli, le restaurant de fruits de mer de Lexie, pour dépanner.

Ce restaurant avait beau empester le poisson, on y mangeait bien. Super bien, même. Et avec mes copains, on en a fait notre nouveau QG. C'est dans l'arrière-cuisine de ce restau que mon frère et sa bande venaient se soûler quand ils étaient au lycée. Pendant ce temps, du haut de mes neuf ans, je préparais les crustacés et je servais les clients tout en me trémoussant fièrement dans de jolis petits ensembles.

Ma mère a envoyé une vidéo de moi à Nancy Carson, l'agent que Matt lui avait recommandé. On m'y voyait interpréter « Shine On, Harvest Moon ». Et ça a marché : Nancy nous a convoquées à un entretien à New York.

Après avoir chanté pour Nancy dans son bureau, au vingtième étage d'un building situé au cœur de Manhattan, on a repris le train pour rentrer chez nous. C'était officiel : j'étais désormais représentée par une agence artistique.

Peu après notre retour en Louisiane, ma petite sœur Jamie Lynn est née. Laura Lynne et moi, on passait des heures à jouer avec elle dans son parc comme s'il s'agissait d'une de nos poupées.

Quelques jours après son retour de la maternité, ma mère a commencé à se comporter bizarrement. Alors que je me préparais pour une compétition de danse, elle reprisait mon costume de scène, quand elle s'est brusquement levée, l'aiguille à la main, et a balancé son ouvrage dans un coin. Elle n'avait pas l'air tout à fait consciente de ce qu'elle faisait. C'est vrai qu'il était moche, ce costume, mais j'en avais besoin pour ma compète.

— Maman ! Pourquoi t'as fait ça ? ai-je crié.

Et d'un seul coup le sang s'est répandu partout. Vraiment partout.

Ma mère, qu'on n'avait pas bien recousue après l'accouchement, se vidait littéralement de son sang. J'ai appelé mon père en hurlant :

— Qu'est-ce qui lui arrive ? Qu'est-ce qui lui arrive ?

Papa a accouru, et il nous a emmenées à l'hôpital. Pendant tout le trajet, je n'ai pas cessé de crier :

— C'est pas possible ! Pas ma maman !

J'avais neuf ans. Voir une rivière de sang jaillir du corps de sa mère, c'est déjà traumatisant, mais à mon âge, ça l'était encore plus. Je n'en avais jamais autant vu de toute ma vie.

Quand le médecin nous a reçus, il a réglé le problème en deux temps, trois mouvements. Il n'avait même pas l'air particulièrement inquiet. Apparemment, les hémorragies post-partum sont un phénomène assez courant. Reste que l'événement s'est gravé dans ma mémoire.

Durant les cours de gym, je me tournais régulièrement vers la vitre pour vérifier que ma mère était bien là, à attendre la fin de l'entraînement. C'était devenu une sorte de réflexe de sécurité, et je ne pouvais pas m'en empêcher.

Un jour, je ne l'ai pas trouvée à sa place habituelle, et j'ai fait une crise de nerfs. Elle n'était plus là. Elle était partie ! Peut-être à jamais ! J'ai éclaté en sanglots, je suis tombée à genoux. À me voir, on aurait pu croire que quelqu'un venait de mourir.

Ma coach s'est précipitée pour me consoler.

— Tout va bien, ma puce ! Elle va revenir ! Elle a dû sortir faire une course chez Walmart, c'est tout !

Elle avait vu juste. Mais tout n'allait pas bien pour autant. Je ne supportais plus que ma mère disparaisse de ma vue. Ayant constaté, à son retour, dans quel état m'avait plongée sa course, ma mère ne s'est plus jamais absentée pendant mon cours de gym. De fait, elle ne m'a pratiquement plus quittée au cours des années suivantes.

J'étais une petite fille qui rêvait en grand. Je voulais devenir une star comme Madonna, Dolly Parton ou Whitney Houston. Et puis j'avais des rêves plus modestes, qui me semblaient paradoxalement plus compliqués à réaliser et trop ambitieux pour que j'ose en parler. J'aurais voulu que mon papa arrête de boire. Que ma maman arrête de crier. Que tout le monde aille bien.

Dans ma famille, les choses pouvaient déraper à tout moment. Il n'y avait que sur scène que je me sentais vraiment invincible. Le reste du temps, j'étais impuissante. Au moins, quand j'avais chanté dans ce bureau new-yorkais pour cette femme à même de concrétiser mes rêves les plus fous, c'était moi qui contrôlais la situation.

6

Quand j'ai eu dix ans, on m'a invitée à participer à l'émission *Star Search*.

Pour le premier épisode, j'ai livré une interprétation funk d'un titre que j'avais entendu chanter par Judy Garland, « I Don't Care ». Ma performance m'a valu 3,75 étoiles. Ma rivale, une jeune chanteuse d'opéra, en a décroché 3,5 ; j'accédais donc à l'étape suivante. On enregistrait le deuxième épisode le même jour. J'avais cette fois pour concurrent Marty Thomas, un garçon de douze ans affublé d'une cravate texane et d'une tonne de laque sur les cheveux. Il était sympa, on a même fait quelques paniers ensemble avant le tournage. J'ai chanté « Love Can Build a Bridge » des Judds, une chanson que j'avais interprétée l'année précédente au mariage de ma tante.

Pendant qu'on attendait que les scores tombent, l'animateur, Ed McMahon, nous a interviewés, Marty et moi.

— Je t'avais déjà remarquée la semaine dernière, m'a dit Ed. Tu as vraiment des yeux ravissants. Est-ce que tu as un petit ami ?

— Non, monsieur, ai-je répondu.

— Non ? Pourquoi ?

— Ils sont méchants.

— Les petits amis ? s'est étonné Ed. Ou est-ce que tu veux dire que tous les garçons sont méchants ? Je ne suis pas méchant, moi ! Si ?

— Euh, ça dépend.

— Ce n'est pas la première fois qu'on me dit ça.

Une fois de plus, j'ai obtenu la note de 3,75. Marty, lui, a fait un carton plein : 4 étoiles. J'ai souri et je l'ai félicité d'une accolade polie, puis j'ai quitté la scène au son de la voix d'Ed qui me souhaitait bonne chance. J'ai réussi à sauver la face jusqu'à ce que je me retrouve en coulisses. Et là, j'ai fondu en larmes. Ensuite, ma mère m'a acheté un sundae au caramel.

Ma mère et moi, on faisait désormais la navette en avion entre la Louisiane et New York, où je prenais des cours de chant et de théâtre. Pour la fillette que j'étais à l'époque, c'était très excitant, mais aussi drôlement intimidant.

Enfin, on m'a proposé un rôle : je devais être une doublure dans une comédie musicale parodique off-Broadway intitulée *Ruthless !* qui s'inspirait librement des films *Eve* de Mankiewicz, et *La Mauvaise Graine* de Mervyn LeRoy, ainsi que des comédies musicales *Mame* et *Gypsy*. Je jouais une jeune enfant star psychopathe du nom de Tina Denmark. Sa première chanson s'appelait « Born to Entertain ». Forcément, ça me parlait. La seconde doublure était une jeune actrice très douée du nom de Natalie Portman.

Pendant la durée des représentations, ma mère a loué un petit appartement pour elle, la petite Jamie Lynn et moi. Il se situait près de mon école, la Professional Performing Arts School. En complément, je prenais des cours pas loin, au Broadway Dance Center. Mais c'est au Players Theater, dans le Lower Manhattan, que je passais le plus de temps.

En un sens, j'ai vécu cette expérience comme une consécration : c'était la preuve que j'avais assez de talent pour percer dans le milieu du show-biz. Mais mon emploi du temps était harassant. Je n'avais pas une minute pour me faire des amis ou pour être tout simplement une enfant. Je travaillais tous les jours, ou presque. Le samedi, il y avait double représentation.

Je dois aussi reconnaître que je n'étais pas fan du métier de doublure. Tous les soirs, jusqu'à minuit, j'étais présente au théâtre, au cas où il m'aurait fallu remplacer au débotté Laura Bell Bundy, qui jouait Tina. Au bout de quelques mois, Laura a quitté la troupe et je l'ai officiellement remplacée, mais j'étais sur les rotules.

À l'approche de Noël, je n'avais qu'une envie : rentrer à la maison. Et lorsque j'ai appris que je devais jouer le 25 décembre, j'ai fondu en larmes en demandant à ma mère si c'était vraiment comme ça que j'allais fêter Noël. J'ai contemplé le minuscule sapin qui ornait notre studio en rêvant à l'arbre majestueux qu'on avait toujours à Kentwood. Mon cerveau d'enfant n'y comprenait rien. Qui aurait choisi de jouer un spectacle à Noël, au milieu des vacances ? Alors, j'ai abandonné la troupe et je suis rentrée chez moi.

Je crois aussi que le rythme qu'on imposait au New York City Theater était intenable pour une enfant de mon âge. Cependant, l'expérience n'avait pas été inutile. J'avais appris à adapter ma voix à l'acoustique d'un petit théâtre. Dans une salle pouvant accueillir deux cents personnes, le public est vraiment très proche. Et chanter dans ce genre d'espace, c'est excitant. On ressent la présence des spectateurs. On absorbe leur énergie. C'est vraiment quelque chose.

Forte de cette expérience, je me suis une nouvelle fois présentée aux auditions pour le *Mickey Mouse Club.*

De retour à Kentwood, j'ai repris les cours à la Parklane Academy et, en attendant des nouvelles de mon audition, j'ai intégré l'équipe de basket au poste de meneuse. J'avais beau être minuscule pour mes onze ans, techniquement, j'assurais. Les gens se figurent que j'ai un passé de pom-pom girl, alors que je n'ai jamais pratiqué cette discipline. En dehors de l'école, je dansais, mais au collège, ce sont les sports collectifs qui m'attiraient, et tant pis pour ma petite taille ! Je flottais dans mon maillot, le numéro 25. Pourtant j'étais aussi rapide que l'éclair sur le terrain.

J'étais fascinée par un basketteur de quinze ou seize ans. Il était le champion des paniers à trois points ; à le voir faire, ça semblait être un jeu d'enfant. Les gens venaient de loin pour l'admirer sur le terrain, comme pour mon père en son temps. Ce gars était doué. Pas autant que mon père dans sa jeunesse, mais il avait le génie du ballon.

J'étais également en extase devant mes coéquipières, qui étaient plus grandes que moi. Mon truc, c'était de piquer la balle à l'adversaire en plein dribble, de dévaler le terrain et d'enchaîner sur un double pas.

J'adorais zigzaguer à toute allure au milieu de l'équipe adverse. Comme le jeu était imprévisible par nature et que rien n'était jamais gagné d'avance, l'improvisation m'excitait au plus haut point, et je m'éclatais. J'étais si petite et si mignonne qu'on ne se méfiait jamais de moi.

Ce n'était pas tout à fait aussi grisant que de chanter sur une scène new-yorkaise, mais attendre qu'éclatent les applaudissements du public sous les projecteurs du terrain de basket, c'était presque aussi bien.

7

Ma deuxième audition pour le *Mickey Mouse Club* avait débouché sur un contrat. Matt, le gentil directeur de casting qui avait recommandé Nancy, mon agent, à maman, m'avait jugée prête.

Faire partie du *Mickey Mouse Club*, c'était comme un camp d'entraînement militaire pour qui se destinait à une carrière dans le show-biz : des répétitions de danse à n'en plus finir, des leçons de chant, des cours de théâtre, des séances d'enregistrement, sans oublier l'école à caser au milieu de tout ça. Rapidement, les loges séparées aidant, des groupes se sont formés parmi les « Mousequetaires », ainsi qu'on nous appelait. Christina Aguilera et moi, qui étions les plus jeunes, partagions une loge avec une troisième fille, Nikki DeLoach. On admirait les plus grands : Keri Russell, Ryan Gosling et Tony Lucca, que je trouvais trop beau. Très vite, j'ai noué une solide amitié avec un certain Justin Timberlake.

Le tournage avait lieu à Disney World. Ma mère m'accompagnait, de même que Jamie Lynn, qui avait deux ans à l'époque. Pendant les pauses, on était autorisés à faire les fous sur les attractions. Franchement, c'était le rêve de tout gosse. Mais on travaillait aussi très, très dur. On répétait les mêmes chorégraphies trente fois par jour jusqu'à ce que chaque pas soit parfait.

La seule ombre au tableau a été ce coup de fil, peu après le début du tournage, qui nous a appris la mort de ma grand-mère Lily. À cause d'une crise cardiaque ou peut-être d'un AVC, elle s'était noyée dans sa piscine. Comme on n'avait pas les moyens de rentrer pour l'enterrement, Lynn Harless, la maman de Justin (une femme adorable), nous a avancé la somme pour payer les billets d'avion. C'est généralement ce qui se fait en famille. Or les enfants de l'émission et leurs parents étaient devenus entre-temps une sorte de grande famille.

Je flashais toujours sur Tony. Un jour, alors qu'il cherchait un chapeau oublié dans une loge par une habilleuse, il est entré dans la nôtre. Dès que je l'ai vu, mon cœur a fait un bond dans ma poitrine. Je n'en revenais pas qu'il débarque comme ça ! J'étais dans tous mes états.

Une autre fois, pendant une soirée pyjama, on a joué à Action ou Vérité et quelqu'un a défié Justin de m'embrasser. On écoutait une chanson de Janet Jackson quand il s'est penché vers moi et m'a embrassée.

Ça m'a rappelé le jour où, en classe de CE2, j'étais à la bibliothèque et j'ai tenu pour la première fois un garçon par la main. Pour moi, c'était quelque chose d'incroyable, de très fort. On ne s'était encore jamais intéressé à moi sur le plan romantique, et j'avais l'impression d'une délicieuse rébellion. Les lumières étaient éteintes – on regardait un film, et on cachait nos mains sous le bureau pour que les enseignants ne voient rien.

Mon passage par le *Mickey Mouse Club* a été une expérience déterminante : j'avais désormais un pied dans le monde de la télévision. Grâce à cette émission, une flamme s'était allumée en moi. À partir de là, je savais ce que je voulais faire de ma vie : chanter et danser.

Lorsque l'émission s'est terminée au bout d'un an et demi, la plupart de mes camarades sont partis pour suivre leurs rêves à New York ou à Los Angeles. Moi, j'ai préféré rentrer à Kentwood. J'avais déjà cette ambivalence : d'un côté, l'ambition qui me poussait à réaliser mon rêve, et de l'autre, la tentation d'une vie normale qui ne cessait de me rappeler en Louisiane. À ce moment-là, j'avais besoin de laisser la vie normale l'emporter, au moins pour un temps.

De retour à la maison, j'ai retrouvé les bancs du collège et repris ma vie d'ado classique – ou ce qui s'en approchait le plus, vu mon contexte familial.

Après mon entrée en quatrième, ma mère et moi avons pris l'habitude de rouler jusqu'à Biloxi, dans le Mississippi, à deux heures de la maison. On y buvait des daïquiris, ou des « toddies », comme on les appelait. Je trouvais ça trop cool de pouvoir boire avec ma mère de temps en temps. On n'avait pas du tout le même rapport à l'alcool que mon père. Lui, quand il buvait, il déprimait et se repliait sur lui-même. Nous, on se sentait plus joyeuses, plus en vie, plus ouvertes à l'aventure.

Autre super souvenir avec ma mère : nos journées à la plage avec ma sœur. Pendant le trajet, je sirotais un mini White Russian. Pour moi, ça avait un goût de crème glacée. Lorsque le dosage de glace pilée, de crème et de sucre était parfait, et que le cocktail n'était pas trop alcoolisé, ça devenait mon petit morceau de paradis.

Ma soeur et moi, on avait le même maillot de bain et des permanentes assorties. De nos jours, il est pratiquement interdit de faire ce genre de coiffure à une fillette de son âge, mais dans les années 90 on trouvait ça « trop chou ». À trois ans, Jamie Lynn était une vraie petite poupée, en plus d'être la plus fofolle et la plus craquante des enfants.

C'était notre petit rituel à nous. On allait à Biloxi, on buvait, on allait à la plage, on rentrait ravies. On s'amusait bien. On s'éclatait, même ! Tout n'était pas rose dans mon enfance, mais elle n'était pas dépourvue de joie non plus.

À treize ans, je buvais avec ma mère et je fumais avec mes copines. J'avais fumé ma première cigarette chez une copine « pas fréquentable ». Si presque toutes mes amies étaient de vraies saintes-nitouches, elle était très populaire : elle avait une sœur en terminale, elle était bien maquillée et tous les garçons lui couraient après.

Bref, elle m'a entraînée dans un abri de jardin et m'a filé ma première cigarette. Ce n'était que du tabac, mais je me souviens que je planais à moitié. Je me rappelle m'être demandé : « Est-ce que je vais mourir ? Elle va partir, cette sensation ? Quand est-ce que ça va s'arrêter ? » Puis, ayant survécu à ma première cigarette, j'ai aussitôt eu envie de m'en griller une deuxième.

Je ne me débrouillais pas trop mal pour cacher mon tabagisme à ma mère, mais un jour où elle m'avait laissé le volant pour rentrer du supermarché (la route était en ligne droite ; la conduite fait partie de ces choses que j'ai commencées à treize ans), elle s'est soudain mise à renifler l'air.

— Mais… ça sent le tabac ! Britney, tu fumes ?

Elle m'a attrapé la main pour la sentir. Alors, j'ai lâché le volant et j'ai perdu le contrôle de la voiture. J'ai eu l'impression que tout se déroulait au ralenti. En me retournant, j'ai vu la petite Jamie Lynn plaquée contre le dossier de la banquette – elle avait sa ceinture, mais pas de siège-auto. Tandis qu'on décollait (toujours au ralenti), j'ai pensé qu'on allait y rester.

Et là, l'arrière de la voiture a soudain percuté un poteau téléphonique.

Un vrai miracle. Si on se l'était pris de plein fouet, on aurait toutes traversé le pare-brise. Sitôt la voiture stabilisée, ma mère en est sortie en hurlant. Elle m'engueulait à cause de l'accident, elle interpellait les automobilistes pour qu'ils viennent nous aider, elle maudissait notre sort.

Par chance, personne n'a été blessé. Nous avons quitté la scène à pied. Mais le mieux, c'est que ma mère en a oublié cette histoire de cigarettes. Son ado fumait, et alors ? On avait failli crever ! Ma mère n'a jamais remis le sujet sur le tapis.

* * *

Un jour, des garçons de sixième m'ont proposé d'aller fumer une cigarette dans les vestiaires pendant la pause. J'étais la seule fille qu'ils invitaient à se joindre à eux et je ne m'étais jamais sentie aussi cool. Heureusement, il y avait deux portes dans les vestiaires des garçons, dont l'une donnait sur l'extérieur. Je me souviens qu'on bloquait la porte pour qu'elle reste ouverte et que la fumée puisse s'échapper, histoire de ne pas se faire choper.

C'est devenu un rituel. Qui n'a pas duré. Peu de temps après, j'ai décidé d'essayer toute seule, sans les garçons. Cette fois-là, avec ma meilleure copine, on est allées fumer dans les vestiaires des filles, mais il n'y avait qu'une seule porte. Une catastrophe ! On a été prises la main dans le sac et on nous a envoyées dans le bureau du principal.

Il nous a demandé si on était en train de fumer. Je lui ai répondu que non. Ma meilleure copine m'a alors discrètement attrapé la main pour la pincer très fort. De toute évidence, le principal ne me croyait pas, pourtant vous savez quoi ? On a réussi à s'en sortir avec un simple avertissement.

Par la suite, ma copine m'a dit : « Britney, je te jure, t'es la pire menteuse que j'ai vue de ma vie. La prochaine fois, je t'en supplie, laisse-moi parler. »

À cet âge-là, je ne me contentais pas de boire et de fumer. En ce qui concernait les garçons, aussi, j'étais plutôt précoce. Je faisais une fixation sur un des mecs qui traînaient souvent chez ma copine « pas fréquentable ». Il avait dix-huit ou dix-neuf ans et une petite amie du genre garçon manqué. Ils sortaient officiellement ensemble, c'était même le couple le plus en vue du lycée. Je rêvais qu'il m'accorde un regard, mais avec mes cinq ans de moins, je ne me faisais guère d'illusions.

Un jour, je suis allée passer la nuit chez cette copine. Je dormais sur le canapé du salon. Et là, sans crier gare, le garçon en question s'est introduit discrètement dans la maison au beau milieu de la nuit – il devait être 3 heures du matin. Je me suis réveillée et il était là, assis à côté de moi. Il a commencé à m'embrasser et, de fil en aiguille, on s'est mis à se peloter sur le canapé.

Je me demandais ce qui était en train de m'arriver. Ça ressemblait à du spiritisme, comme si mes désirs avaient matérialisé ce moment ! Je n'en revenais pas que mon crush ait surgi du néant pour m'embrasser. En plus, c'était très tendre. Il s'en est tenu là. Il n'a pas essayé d'aller plus loin.

Cette même année, j'ai flashé sur pas mal de copains de mon frère. Enfant, Bryan était un drôle de gamin, pas comme les autres, mais dans le bon sens du terme. L'année de son bac, en revanche, mon frère est devenu la star du lycée.

Durant cette année, j'ai commencé à sortir avec son meilleur ami, et c'est avec lui que j'ai perdu ma virginité.

J'étais en troisième, mais de fin d'année, donc assez jeune, et lui avait dix-sept ans. Cette relation a fini par me prendre tout mon temps. Je me rendais à l'école à 7 heures du matin comme d'habitude, mais je partais ensuite à l'heure du déjeuner, vers 13 heures, et je passais l'après-midi avec lui. Puis il me raccompagnait à l'école à la fin des cours. Je reprenais alors le bus innocemment et je rentrais à la maison comme si de rien n'était.

Ma mère a fini par recevoir un appel du collège : j'avais été absente dix-sept jours, que je devais rattraper. Elle m'a demandé comment je m'y étais prise, comment je faisais pour sortir de l'école. Je lui ai répondu que j'imitais sa signature, tout simplement.

La différence d'âge entre ce garçon et moi était énorme – aujourd'hui, elle est presque choquante –, et donc, mon frère, qui a toujours été très protecteur, s'est mis à le détester. Quand Bryan a constaté que je me rendais chez son copain en cachette, il m'a dénoncée à nos parents. En guise de punition, j'ai dû ramasser les déchets dans le quartier toute la journée, comme ces détenus qu'on voit le long de l'autoroute. Bryan me suivait, appareil photo à la main, pour m'immortaliser, en larmes, avec mon seau.

Si l'on fait abstraction des moments comme celui-là, ma vie était à cette époque délicieusement normale : j'allais aux bals de promo, on faisait des tours en voiture dans les rues de notre petite ville, on allait au ciné.

Mais, pour être honnête, la scène me manquait. Ma mère était toujours en contact avec un avocat qu'elle avait rencontré dans le milieu des auditions. Un certain Larry Rudolph, qu'elle consultait parfois par téléphone à propos de ma carrière. Lorsqu'elle lui a fait parvenir des vidéos de moi en train de chanter, il a conseillé qu'on fasse une maquette. Il nous a envoyé une chanson que Toni Braxton avait enregistrée pour son deuxième album, mais qui n'avait pas été retenue. Elle s'appelait « Today ». Je l'ai apprise et suis allée l'enregistrer dans un studio de La Nouvelle-Orléans, à une heure et demie de route de chez nous. Cette maquette allait devenir mon sésame quand je commencerais à démarcher les labels.

À la même époque, Justin et un autre « Mousequetaire » appelé JC Chasez ont rejoint un boys band en train de se monter : NSYNC. Une de mes camarades du *Mickey Mouse Club*, Nikki, dont j'avais partagé la loge, rejoignait un girls band, mais après en avoir discuté avec ma mère, on a décidé de privilégier pour moi la carrière solo.

À New York, Larry a fait écouter ma maquette à ses contacts dans l'industrie. Verdict : ils avaient envie de me rencontrer pour voir ce dont j'étais capable. Alors j'ai enfilé mes escarpins taille fillette, ma plus jolie robe et je suis retournée à New York.

J'avais essayé de redevenir une ado ordinaire, mais ça n'avait pas pris. J'aspirais à davantage.

8

« C’est qui, lui ? »

J’avais en face de moi un petit monsieur d’un certain âge débordant d’énergie. Je lui donnais dans les soixante-cinq ans (il n’était que quinquagénaire).

Larry m’avait prévenue qu’il s’agissait de quelqu’un de très important : Clive Calder. Ce nom ne me disait absolument rien. Si j’avais su qu’il s’agissait du fondateur de Jive Records en personne, j’aurais sans doute été un peu moins détendue ! En l’occurrence, l’homme ne m’inspirait que de la sympathie et de la curiosité.

Son bureau était dément, trois étages de hauteur sous plafond, très impressionnant. Dans la pièce trônait un yorkshire nain, une race dont je ne connaissais même pas l’existence. Quand j’ai pénétré dans ce bureau et que j’ai aperçu ce chien, minuscule et adorable, j'ai eu l'impression de basculer dans un univers parallèle et que toutes sortes de portes s'ouvraient sur une autre dimension. J'avais atterri dans un rêve fabuleux.

— Salut, Britney ! Ça roule ? m'a-t-il demandé avec un enthousiasme évident.

Clive Calder semblait appartenir à quelque société secrète ultra-puissante et, avec son accent sud-africain, il me rappelait les acteurs des vieux films en noir et blanc. Je n'avais jamais entendu personne parler comme cela dans la vie.

Clive Calder m'a laissée caresser son yorkshire. Tout en serrant contre moi le corps minuscule et tout chaud de ce chien, j'ai contemplé le gigantesque bureau avec un sourire béat. Mes rêves étaient en train de prendre un gros coup d'accélérateur.

Je n'avais encore rien enregistré d'autre que la maquette, à l'époque. J'allais juste me présenter aux gens chez qui Larry m'envoyait. J'étais censée chanter devant les patrons d'un label. Mais je savais déjà que je voulais faire équipe avec ce M. Calder. Il exprimait quelque chose qui me donnait envie de devenir comme lui. Je n'aurais pas été étonnée qu'il ait été mon oncle dans une autre vie. En tout cas, j'avais envie qu'il fasse à jamais partie de mon existence.

Ça venait de son sourire. Un sourire plein d'intelligence, de finesse et de sagesse. Un sourire mythique – à son image, d'ailleurs. Je ne l'oublierai jamais. J'éprouvais tant de joie en sa compagnie ! En ce qui me concernait, même si ce déplacement à New York ne m'apportait rien de plus que ma rencontre avec un homme de son calibre qui croyait en mon potentiel, le voyage avait été rentabilisé.

Mais la journée ne faisait que commencer. Larry m'a fait faire la tournée de ses collaborateurs new-yorkais, et chaque fois j'ai chanté « I Have Nothing » de Whitney Houston devant des salles pleines de businessmen. Face à ces rangées d'hommes d'affaires en costume qui détaillaient du regard ma robe courte et mes talons hauts, j'ai chanté de tout mon cœur.

Clive m'a prise sous contrat directement. Voilà comment j'ai été signée par le label Jive Records à l'âge de quinze ans.

Entre-temps, ma mère était devenue instit en classe de CE1 à Kentwood et Jamie Lynn était encore petite, alors c'est Felicia Culotta, dite « Miss Fe », une amie de la famille, qui m'accompagnait à mes rendez-vous. Et comme le label souhaitait que je commence à enregistrer très vite, on nous a fourni un logement à New York. Tous les jours, on faisait la navette jusqu'au studio d'enregistrement, situé dans le New Jersey. Je m'installais dans la cabine et chantais pour Eric Foster White, le producteur de disques et auteur-compositeur qui avait notamment travaillé avec Whitney Houston.

Franchement, je ne comprenais rien à ce qui était en train de se passer. Je n'étais sûre que d'une chose : j'adorais la danse et le chant et, si un dieu, peu importe lequel, avait décidé d'intervenir pour m'arranger le coup, il n'était pas question que je le déçoive ! J'avais juste besoin du bon packaging pour que le public adhère à ce que j'avais à offrir ; pour le reste, j'étais dans les starting-blocks. Je ne sais pas comment tout ça est arrivé, mais Dieu avait dû s'en mêler, forcément, parce que j'étais en train d'enregistrer dans un studio du New Jersey.

La cabine dans laquelle je chantais était située en sous-sol. Là-dedans, on entend seulement le son de sa propre voix, rien d'autre. J'ai fait ça six mois d'affilée. En quittant rarement la cabine d'enregistrement.

Lors d'une pause, je me suis rendue à un barbecue. À l'époque, j'avais un style très girly ; j'étais toujours en robe et chaussures à talons. Bref, je discutais en m'efforçant de faire bonne impression, lorsque, soudain, je me suis précipitée pour aller chercher Felicia afin qu'elle me rejoigne sur le balcon. Je ne me suis pas rendu compte qu'il y avait une moustiquaire sur la porte. J'ai foncé droit dedans et je suis tombée à la renverse. Tous les invités se sont retournés et m'ont vue étalée par terre, les deux mains plaquées sur le nez.

Bien sûr, ils étaient tous morts de rire.

La honte totale ! C'est quand même drôle : de tout ce qu'il m'est arrivé pendant cette première année d'enregistrement, c'est ce souvenir-là qui me revient. C'était il y a plus de vingt-cinq ans ! Mais, sur le moment, j'étais effondrée. Et sous le choc. J'avais dû passer un peu trop de temps enfermée dans ma cabine !

Je bossais ainsi depuis à peu près un an, et mon album commençait à prendre forme quand un des patrons de la maison de disques m'a dit :

— Je veux que tu rencontres un producteur suédois. Il est très bon. Il fait de super chansons.

— OK. Il a travaillé avec qui ?

Je ne sais pas d'où m'est venue l'idée de lui poser cette question. J'avais beau être inexpérimentée, je commençais à savoir plus précisément quel genre de son je voulais donner à mon premier album. Puis en faisant quelques recherches, j'ai découvert que le producteur en question avait collaboré avec les Backstreet Boys, Robyn et Bryan Adams.

— D'accord. C'est parti ! ai-je répondu.

Max Martin, car c'était lui, est venu à New York et nous avons fait connaissance autour d'un dîner en tête-à-tête, sans aucun assistant, ni représentant du label. D'habitude, comme j'étais mineure, j'avais toujours un agent ou quelqu'un pour m'accompagner, mais cette fois on tenait à ce que je le rencontre seule. On s'est installés, et le serveur est venu nous proposer ses services.

Et là, Dieu sait comment, une bougie s'est renversée et toute la table a pris feu. On se trouvait dans l'un des restaurants les plus chers de New York, et notre table flambait sous nos yeux. À peine une seconde s'était écoulée entre le « bonsoir » du serveur et les flammes.

Max et moi avons échangé un regard horrifié.

— On s'en va ? a-t-il suggéré.

Max était magique. On a commencé à travailler ensemble.

Je me suis envolée pour la Suède. Je n'ai pas vu de grande différence entre ce pays et le New Jersey

– tout ce que j'en ai visité, c'est une nouvelle cabine d'enregistrement.

Felicia, qui était du voyage, passait de temps en temps me proposer un café ou de faire une pause. Chaque fois, je refusais. J'avais une éthique de travail très forte. Je travaillais des heures d'affilée sans jamais mettre le nez dehors. Mes proches restaient sans nouvelles de moi pendant des jours. Je prolongeais mes séances au studio aussi longtemps que possible. Quand quelqu'un manifestait son envie de partir, je lui disais que je n'avais pas atteint la perfection.

La veille du jour où nous avons enregistré « … Baby One More Time », j'écoutais « Tainted Love » de Soft Cell, et je suis tombée sous le charme de ce son. J'ai veillé si tard que le lendemain en arrivant au studio, j'étais fatiguée et j'avais la voix cassée. Pourtant, ça rendait bien. J'avais un grain de voix rauque, plus mûr, plus sexy.

Dès que j'ai commencé à sentir le truc, j'ai redoublé de concentration. Max n'en perdait pas une miette. J'en ai profité pour lui dire que j'avais envie d'un son moins pop et plus R&B. Il a tout de suite compris et il a fait le nécessaire.

Une fois toutes les chansons de l'album enregistrées, quelqu'un m'a demandé :

— Qu'est-ce que tu sais faire d'autre ? Tu aurais envie de danser ?

Si j'avais envie de danser ?

— À fond !

9

Les producteurs m'ont soumis un concept de clip pour « … Baby One More Time » – ils souhaitaient que j'incarne une astronaute au look futuriste. Dans le story-board qu'on m'a montré, je ressemblais à un Power Ranger. Cette représentation ne me parlait pas du tout, et mon petit doigt me soufflait que le public ne s'identifierait pas plus que moi. J'ai donc fait une contre-proposition : un scénario dans lequel on me verrait, morte d'ennui en classe, jusqu'à ce que la sonnerie retentisse. Et là, boum ! Avec mes copines, on se mettrait toutes à danser.

La chorégraphie était hyperfluide. Les répétitions se déroulant au Broadway Dance Center, où j'avais suivi des cours enfant, je m'y sentais tout à fait à mon aise. Et puis, la plupart des danseurs étaient de New York, ce qui ne gâtait rien. Il faut savoir que, dans le monde de la danse moderne, il y a deux écoles. La plupart des gens pensent que les danseurs de Los Angeles sont les meilleurs. Sauf leur respect, moi, j'ai toujours préféré ceux de New York. Ils y mettent plus de cœur.

Quand Barry Weiss, un gros bonnet de chez Jive Records, est passé nous voir, je lui en ai mis plein la vue. C'est à cet instant que je lui ai montré ce dont j'étais capable.

En ce qui concernait le clip, Nigel Dick, le réalisateur, s'est montré ouvert à mes suggestions. En plus du coup de la sonnerie qui marque le début de la chorégraphie, j'ai insisté pour qu'il y ait des mecs mignons. Et j'ai suggéré qu'on porte un uniforme scolaire au début pour que ça contraste avec les scènes en extérieur, quand on danse en tenue de tous les jours. Au final, j'ai même eu le droit de confier le rôle de la prof coincée à Miss Fe. Elle était tellement drôle, mal fagotée, avec ses grosses lunettes !

Le tournage a constitué la partie la plus amusante de toute la production de mon premier album.

J'ai rarement été aussi passionnée de musique qu'à cette époque de ma vie. J'étais inconnue du public, je n'avais rien à perdre si je me plantais. L'anonymat, c'est une vraie liberté ! Je pouvais parcourir du regard une foule qui ne m'avait encore jamais vue en pensant : « Vous ne savez pas encore qui je suis. » Et puis, en cas de faux pas, il n'y avait pas mort d'homme, et ça c'était un sacré poids en moins.

Pour moi, la scène n'était pas une succession de poses et de sourires. Pendant mes spectacles, je me voyais davantage comme une basketteuse fonçant vers le panier. J'avais les codes du terrain, les codes de la rue. J'étais téméraire. Et je savais quand tirer.

Au début de l'été, j'ai entamé ma tournée promotionnelle. Jive m'a envoyée chanter dans des centres commerciaux. Quelque chose comme vingt-six ! Ce n'était pas une partie de plaisir. Personne ne savait encore qui j'étais. J'avais donc pour mission de me vendre à des gens qui, franchement, s'en fichaient un peu. Mais je respirais la candeur. Je leur lançais :

— Salut tout le monde ! Vous connaissez ma chanson ? Elle est top ! Venez l'écouter !

Avant la sortie du clip, personne ne savait à quoi je ressemblais. Mais à la fin du mois de septembre, la chanson passait à la radio. Le 23 octobre 1998, le single « … Baby One More Time » est sorti dans les bacs. J'avais seize ans. Le clip a été diffusé le mois suivant, et les gens se sont mis à me reconnaître partout où j'allais. Le 12 janvier 1999, l'album est sorti et s'est vendu à plus de dix millions d'exemplaires en un temps record. Il a démarré en première place du Billboard 200 aux États-Unis. Je suis devenue la première femme à démarrer avec un single et un album à la première place en même temps. Je jubilais. Il me semblait que des boulevards s'ouvraient à moi. Plus besoin de chanter dans les centres commerciaux !

Tout est allé très vite. J'ai participé à la tournée de NSYNC, avec Justin Timberlake, mon vieux copain du *Mickey Mouse Club*. Je ne me déplaçais jamais sans mes danseurs, Felicia, ou Larry Rudolph et Johnny Wright, mes managers. Je me suis même offert les services d'un garde du corps, Big Rob, un homme d'une incroyable gentillesse.

Je suis devenue une invitée régulière de l'émission *Total Request Live*, sur MTV. David LaChapelle est venu me photographier en Louisiane pour illustrer un grand reportage intitulé « Inside the Heart, Mind & Bedroom of a Teen Dream » qui a fait la une du magazine *Rolling Stone*. D'ailleurs, ça a fait polémique parce que j'apparaissais en couverture en soutien-gorge et petite culotte, avec un Teletubby dans les bras qui soulignait mon jeune âge. Ma mère s'en est inquiétée. De mon côté, j'étais conquise ; j'aurais retravaillé avec David LaChapelle sans hésiter.

Chaque jour m'apportait son lot de nouveauté. Je rencontrais une foule de gens passionnants. Par exemple, quand « Baby » est sorti, on m'a présenté la chanteuse et autrice-compositrice Paula Cole lors d'une soirée dans l'État de New York. Elle avait quatorze ans de plus que moi, et elle m'a sacrément impressionnée. C'était une femme très fine avec de jolies boucles brunes qui tombaient en cascade. Je n'avais pas la moindre idée de qui elle était ; tout ce que je savais, c'est qu'elle était belle à tomber, qu'elle avait un look d'enfer et une énergie de malade.

Des années plus tard, j'ai découvert qu'elle était l'interprète d'un tas de chansons que j'adorais. D'après le son de sa voix, je l'avais imaginée différente. En comparant le visage angélique de la personne que j'avais rencontrée à cette soirée au texte cru de « Feelin'Love », la délicatesse de sa silhouette à la puissance de sa voix dans « I Don't Want to Wait », j'ai compris que pour une femme, déjouer les attentes, c'était une vraie source de pouvoir.

10

Justin Timberlake et moi étions restés en contact après le *Mickey Mouse Club* et on s'est bien amusés pendant la tournée de NSYNC. Notre expérience commune, vécue à un très jeune âge, nous a rapprochés. On avait tant de choses en commun ! On s'est revus pendant ma propre tournée et on a commencé à passer des moments ensemble, avant les concerts, puis après les concerts. Il ne m'a pas fallu longtemps pour comprendre que j'étais raide dingue de lui – à tel point que c'en était ridicule.

On était comme deux aimants. Même sa mère le disait : quand on était dans le même coin, lui et moi, on se retrouvait automatiquement et on ne se lâchait plus. La connexion qu'on avait est impossible à mettre en mots. En réalité, on s'aimait tellement que c'était presque trop.

Le groupe NSYNC était fortement influencé par le rap. Ses membres avaient beau être blancs, ils étaient tous fans de hip-hop. Pour moi, c'est ce parti pris qui les distinguait des Backstreet Boys, qui mettaient l'accent sur le fait qu'ils étaient un groupe blanc. Les membres de NSYNC ne traînaient qu'avec des artistes blacks. Parfois, même, je trouvais qu'ils en faisaient un peu trop.

Par exemple, un jour où Felicia, Justin et moi visitions des coins de New York que je ne connaissais pas, un type énorme avec un gros médaillon bling-bling autour du cou s'est avancé vers nous, flanqué de deux gardes du corps. Justin était comme un fou.

— Déliiiire ! C'est Ginuwine ! Yo, mon pote, Ginuwiiiiine !

Une fois que le célèbre chanteur de R&B s'est éloigné, Felicia s'est moquée de Justin : « Yo, Yo, mon pote ! Yo ! » Justin a encaissé. Il ne paraissait même pas gêné. Il s'est contenté d'adresser à Miss Fe un regard qui en disait long.

C'est pendant ce séjour que Justin s'est acheté son premier médaillon : un T géant, pour Timberlake.

Je n'arrivais pas à partager son insouciance. Je ne pouvais pas m'empêcher de remarquer que, sur les plateaux de télé, on ne me posait pas le même genre de questions qu'à lui. Les animateurs se permettaient des remarques déplacées sur ma poitrine, voulaient savoir si j'avais eu recours à la chirurgie esthétique.

Les interviews ne sont pas toujours une partie de plaisir. En revanche, j'adorais les cérémonies de remises de prix.

Aux MTV Video Music Awards, j'ai été tout émoustillée de voir Steven Tyler, d'Aerosmith, en chair et en os. Une vraie gamine ! Il était arrivé en retard et, quand je l'ai vu faire son entrée, portant un truc fabuleux qui ressemblait à une cape de sorcier, je me rappelle avoir retenu un petit cri. C'était surréaliste de le voir en vrai. Puis c'est Lenny Kravitz qui est entré, en retard lui aussi. Je n'en pouvais plus. J'étais entourée de légendes vivantes !

Ma route a commencé à croiser régulièrement celle de Madonna. Alors que j'étais en tournée en Allemagne et en Italie, on se retrouvait aux mêmes cérémonies de récompenses européennes. On se saluait comme de vieilles copines.

À l'une de ces cérémonies, j'ai toqué à la porte de la loge de Mariah Carey. Elle m'a ouvert et une sublime lumière éthérée s'est déversée dans le couloir. Aujourd'hui, les ring lights, tout le monde connaît. Mais il y a plus de vingt ans, Mariah Carey était la seule à en être équipée. Et pour ceux qui se poseraient la question, non, je ne l'appellerai jamais par son seul prénom. Pour moi, Mariah Carey sera toujours Mariah Carey !

Je lui ai demandé si elle accepterait qu'on fasse une photo toutes les deux, et j'ai fait mine de rapprocher l'une de ces fameuses lampes.

— Non ! Viens ici, ma belle. Tu vois, ça ? C'est ma lampe. Ça, c'est mon côté. Je veux que tu te places ici pour présenter mon meilleur profil.

Elle répétait sans arrêt cette expression, de sa belle voix sonore : « Mon meilleur profil, ma belle. Mon meilleur profil. »

J'ai fait tout ce que Mariah Carey me disait et on a pris la photo. Bien sûr, elle avait raison sur toute la ligne : la photo était superbe. Ce soir-là, on m'a décerné une récompense, mais je ne saurais dire laquelle. Ce cliché parfait de Mariah Carey et moi, c'était ça, mon vrai trophée.

Je battais alors des records, et je suis devenue l'une des artistes les plus populaires de tous les temps. On a commencé à m'appeler la princesse de la pop.

Aux Video Music Awards de l'an 2000, j'ai interprété à la suite « (I Can't Get No) Satisfaction » des Rolling Stones puis « Oops ! … I Did It Again » en m'effeuillant sur scène. Je commençais mon numéro en costume d'homme et chapeau et le finissais en pantalon à paillettes effet seconde peau et haut de bikini, mes longs cheveux au vent. Wade Robson a assuré la chorégraphie – il savait s'y prendre pour que je paraisse à la fois forte et féminine. Quand je me trouvais dans la cage installée sur scène et que la chorégraphie s'interrompait, je prenais des poses qui me donnaient l'air girly au milieu d'une performance agressive.

Par la suite, MTV m'a fait regarder un micro-trottoir filmé à Times Square. Les passants étaient invités à commenter ma performance. Certains disaient l'avoir appréciée, mais la plupart des gens semblaient se focaliser sur ma tenue, jugée provocante. Je m'habillais soi-disant de façon « trop sexy », et c'était un mauvais exemple pour la jeunesse.

Les caméras étaient braquées sur moi. Tout le monde guettait ma réaction face à ce reproche. Allais-je le prendre avec le sourire ou me mettre à pleurer ? Sonnée, je me demandais ce que j'avais fait de mal. J'avais tout donné sur cette scène ! Jamais je n'avais prétendu être un exemple à suivre. Tout ce que je désirais, c'était chanter et danser.

Mais l'animateur s'est acharné. Qu'avais-je à répondre à mes accusateurs, selon lesquels je pervertissais les jeunes Américains ?

— Il y avait des commentaires très touchants… Mais je ne suis pas les parents de ces jeunes Américains qu'évoquent certains passants. Je sais bien qu'il y a des gens qui… Forcément, je ne peux pas plaire à tout le monde, ai-je répété.

Cet épisode m'a ébranlée. C'était la rançon de la gloire, et ce n'était que le début d'un phénomène qui allait durer des années. Par la suite, chaque fois que je mettais les pieds sur un plateau de télé, il y aurait toujours quelqu'un pour me descendre ou pour m'accuser de manquer d'« authenticité ».

Je n'ai jamais compris ce que ces gens-là attendaient de moi. Que j'imite Bob Dylan ? J'étais une jeune fille du Sud. J'ajoutais à ma signature des petits cœurs. J'aimais me mettre en valeur. Pourquoi me traitait-on, moi, une simple adolescente, comme si je représentais un danger ?

En parallèle, j'ai commencé à remarquer de plus en plus d'hommes d'un certain âge dans le public. Ça me mettait mal à l'aise de les voir me reluquer comme si j'étais une sorte de Lolita pour vieux pervers. Apparemment il était impossible d'être à la fois sexy et compétente, une bombe et une artiste. Puisque j'étais sexy, j'étais forcément stupide. Puisque j'étais une bombe, je n'avais aucun talent.

Si seulement j'avais connu à l'époque ce trait d'esprit de Dolly Parton : « Les plaisanteries au sujet de la blonde écervelée ne m'atteignent pas, parce que je sais que je ne suis pas écervelée. Ni blonde, d'ailleurs. » En ce qui me concerne, au naturel, mes cheveux sont bruns.

Pour m'armer contre les critiques et ne pas perdre de vue l'essentiel, je me suis mise à lire des livres comme la série *Conversations avec Dieu* de Neale Donald Walsch. Et, accessoirement, à prendre du Prozac.

* * *

Quand « Oops ! … I Dit It Again » est sorti, j'étais déjà une célébrité et je maîtrisais ma carrière. À l'époque de ma première tournée mondiale pour « Oops ! », j'ai pu faire construire une maison à ma mère, et, au passage, j'ai réglé les dettes de mon père. Je voulais les aider à faire table rase du passé.

11

Il y aurait à peine quelques répétitions ; les délais étaient archi-serrés. J'avais une semaine pour être au point. J'étais à l'affiche du concert de la mi-temps du Super Bowl de 2001, aux côtés d'Aerosmith, de Mary J. Blige, de Nelly et de NSYNC. Justin et sa bande porteraient pour l'occasion des gants spéciaux qui crachaient des gerbes d'étincelles. Moi, j'interpréterais « Walk This Way » vêtue d'une version sexy de l'uniforme des joueurs de football américain : pantalon en lamé argent, maillot coupé au-dessus du nombril et manchon taillé dans une chaussette de sport. Pile avant le spectacle, on m'a emmenée rencontrer Steven Tyler, que j'idolâtrais – il avait une énergie de dingue ! À la fin du show, des feux d'artifice ont illuminé le stade.

À cette époque, il m'arrivait un tas de choses formidables ; ce spectacle mythique n'en est qu'un exemple.

J'ai fait mon entrée dans le « Celebrity 100 » et j'étais la femme la mieux placée dans ce classement des personnalités les plus influentes du magazine *Forbes.* L'année suivante, j'étais en tête. Les paparazzis me prenaient tellement en photo que je faisais tourner à moi seule plusieurs tabloïds. Les propositions alléchantes se multipliaient.

Pour les MTV Video Music Awards de septembre 2001, il était prévu que je chante « I'm a Slave 4 U », et on a décidé que j'utiliserai un serpent comme accessoire. C'est devenu un moment mythique de l'histoire des VMA, mais c'était absolument terrifiant.

J'ai vu le serpent pour la première fois quand ils l'ont apporté dans une petite pièce du Metropolitan Opera House à Manhattan, où le show allait se dérouler. La fille qui me l'a donné était encore plus petite que moi – elle avait l'air si jeune, elle était vraiment minuscule, et elle avait les cheveux blonds. Je n'arrivais pas à croire qu'il n'y ait pas un type costaud pour s'en charger – je me souviens m'être dit : « Vous allez vraiment laisser gérer cet énorme serpent par les deux mini-meufs que nous sommes ? »

Mais il était trop tard pour faire machine arrière : elle a soulevé le serpent et l'a posé sur mes épaules. Pour être honnête, j'avais un peu peur – ce serpent jaune et blanc était gigantesque, râpeux, répugnant. Ça allait parce que la fille était encore juste à côté, avec un dresseur de serpents et tout un tas de gens.

Sauf que tout a changé quand il a fallu que j'interprète la chanson sur les planches avec le serpent. Sur scène, je suis en mode performance : j'endosse un costume, et il n'y a personne d'autre que moi.

De nouveau, la fille est venue et m'a passé cet énorme serpent, et tout ce que je pouvais faire, c'était regarder vers le bas. Si je relevais la tête et que je croisais son regard, je serais foudroyée.

Dans ma tête, je me répétais : « Concentre-toi. Sers-toi de tes jambes et fais le show. » Ce que personne ne sait, c'est que pendant que je chantais, le serpent a rapproché sa tête de mon visage, et il s'est mis à siffler juste en face de moi. Vous n'avez pas vu ce plan à la télé, pourtant je vous assure que sur le moment, je me suis dit : « Vous êtes sérieux, là ? Cette saloperie de serpent remue sa langue devant moi. Là. Tout de suite. Maintenant. »

Heureusement, je suis arrivée au passage de la chanson où je me débarrassais du serpent.

Le lendemain soir, peu avant les attentats du 11-Septembre, j'ai interprété « The Way You Make Me Feel » en duo avec Michael Jackson au Madison Square Garden en hommage à ses trente ans de carrière solo. Sur la scène, je roulais des hanches en talons hauts au son de la foule en délire. À un moment, j'aurais juré que les vingt mille spectateurs chantaient tous avec nous.

Puis Pepsi m'a choisie comme ambassadrice de la marque. Dans la pub *The Joy of Pepsi*, je jouais une livreuse qui finit à la tête d'une vaste chorégraphie.

Pour la pub *Now and Then*, je traversais les âges vêtue d'une série de costumes d'époque plus craquants les uns que les autres. Ainsi, pour le passage années 80, on m'a fait un look à la Robert Palmer et je chantais « Simply Irresistible ». J'avais passé des heures entre les mains expertes des coiffeuses et des maquilleuses, mais même comme ça, elles n'ont pas réussi à me rendre crédible en mec ! J'ai préféré la scène du drive-in et sa choré années 50. J'avais une coiffure digne de Betty Boop ! Bref, c'était un vrai florilège de genres différents, et j'ai depuis beaucoup de respect pour ce type de pub maligne et bien ficelée.

* * *

En mars 2001, tout en enregistrant l'album *Britney,* j'ai participé à mon premier film, *Crossroads,* écrit par Shonda Rhimes et réalisé par Tamra Davis. Je jouais le rôle d'une jeune fille sage du nom de Lucy Wagner. Ça n'a pas été une expérience facile. L'équipe était au top, mais le travail d'actrice m'embrouillait le cerveau. Je crois que je me suis mise à appliquer la Méthode ; le problème, c'est que je n'arrivais plus à sortir de mon personnage. J'étais devenue quelqu'un d'autre. D'habitude, les acteurs ont conscience de jouer un rôle. Moi, je ne faisais plus du tout la distinction entre la réalité et la fiction.

C'est un peu embarrassant à raconter, pourtant c'est vrai. Quand la caméra tournait, j'étais Lucy. Le brouillard se faisait autour de moi et je fusionnais avec elle. Sauf que le phénomène ne s'arrêtait pas quand on coupait. Ça peut paraître délirant. Mais ça montre à quel point j'étais investie dans le projet !

Justin a fini par râler : « Mais pourquoi tu marches comme ça ? T'es qui, là ? » Effectivement, ma démarche avait changé, mon port de tête avait changé, même mon intonation avait changé. Pendant toute la durée du tournage de *Crossroads*, je n'étais plus moi-même. Je ne serais pas étonnée d'apprendre que les actrices avec qui je partageais l'affiche me trouvaient un peu... spéciale, à l'époque. Je ne leur jetterais pas la pierre ! Par chance Lucy était une brave fille qui écrivait des poèmes introspectifs et pas un serial killer.

Et tout comme mon personnage, j'étais une vraie oie blanche. J'aurais mieux fait de rester moi-même. Seulement, j'avais tellement à cœur de faire du bon travail que je m'évertuais à creuser le personnage de Lucy Wagner. Toute ma vie, j'avais incarné celui de Britney Spears ; j'avais envie de m'essayer à autre chose. Alors qu'il aurait suffi que je me dise : « C'est un road movie pour ados. Il n'y a rien à creuser ! Déstresse et éclate-toi. »

À la fin du tournage, une copine de Los Angeles est venue me rendre visite. Ensemble, on est allées acheter du maquillage chez CVS et là, tout en papotant avec elle dans ce magasin, je suis peu à peu revenue à moi. Quand on est ressorties, c'était fini. Le charme était rompu et mon petit caractère avait refait surface. Comme par magie. Un vrai truc de fou.

Après ce déclic, j'ai déchanté. Qu'avais-je fait, ces derniers mois ? Et qui étais-je ?

Heureusement pour moi, cet épisode a marqué la fin de ma carrière d'actrice. Pour le rôle d'Allison dans *N'oublie jamais*, ça s'est joué entre Rachel McAdams et moi, mais, même si j'aurais trouvé sympa de renouer avec Ryan Gosling, que j'avais connu pendant mes années *Mickey Mouse Club,* je suis contente que ça ne se soit pas fait. Sinon, au lieu de préparer mon album *In the Zone*, j'aurais passé des mois dans la peau d'une héritière des années 40 !

J'imagine que le problème venait en grande partie de mon inexpérience. C'était mon premier film ! Je parie que je ne suis pas la seule à qui c'est arrivé. D'autres acteurs se heurtent sûrement au même problème. Enfin dans l'ensemble, ils m'ont l'air d'avoir plus de recul. Personnellement, j'espère ne plus jamais me frotter à ce métier à risques. Ce n'est pas une vie d'avoir un pied dans la fiction et l'autre dans la réalité. À la longue, on ne sait plus qui est quoi.

12

Quand je repense à cette époque, je menais vraiment une vie de rêve, la vie de *mes* rêves. Mes tournées me conduisaient partout dans le monde. L'un de mes moments préférés a été de jouer au festival Rock in Rio III, en janvier 2001.

Au Brésil, je me sentais libérée, comme on peut l'être quand on est enfant – j'étais à la fois une femme et une enfant. À ce stade, rien ne me faisait peur, j'étais propulsée à la fois par l'envie et l'adrénaline.

Le soir, avec ma troupe de danseurs – deux filles et six garçons – on est allés se baigner tout nus dans l'Océan, on a chanté, dansé et ri tous ensemble. On a passé des heures à parler au clair de lune, c'était vraiment merveilleux. Épuisés, on a fini par prendre le chemin des saunas, où on a continué à discuter.

Je pouvais alors vivre un peu dans le péché – je me baignais nue, je passais toute la nuit à papoter –, rien d'exceptionnel. C'était juste un peu de rébellion et de liberté. Je ne faisais que m'amuser et profiter de mes dix-neuf ans.

Peu après la sortie de mon album *Britney* à l'automne 2001, j'ai entamé ma quatrième tournée, Dream Within a Dream, et elle compte parmi mes préférées. Tous les soirs, je livrais bataille à mon propre double (il devait y avoir une allégorie là-dessous). Et ce n'était qu'un début ! Je volais. Il y avait une péniche égyptienne. Une jungle. Des lasers. De la neige.

Wade Robson en était le chorégraphe et metteur en scène, et je tiens à saluer tous les gens qui ont donné naissance à ce spectacle. Je le trouvais bien ficelé. Wade l'avait conçu pour refléter une nouvelle phase de ma vie ; c'était le show de la maturité. Les décors et les costumes étaient super bien trouvés. Quelle bénédiction pour moi de travailler avec des gens qui savaient me mettre en valeur !

C'était très bien pensé de leur part de me présenter comme une star, et je mesure tout ce que je leur dois. Le portrait qu'ils dressaient témoignait de leur respect pour l'artiste en moi. Ceux qui ont œuvré à la réussite de cette tournée ont vraiment été géniaux, et c'est pour cela que c'est de loin ma préférée.

Tous nos rêves s'étaient réalisés. J'avais travaillé avec acharnement pour y parvenir. Avant la sortie de

Baby, j'avais fait des shows dans des centres commerciaux, et c'est lors de la tournée Baby que j'ai vu des foules de gens pour la première fois à mes concerts. Je me souviens m'être dit que j'étais devenue quelqu'un. Et puis *Oops !* a eu encore plus de succès. Alors quand j'ai fait la tournée Dream Within a Dream, c'était tout simplement magique.

* * *

Au printemps 2002, j'ai joué dans des sketchs et présenté la cultissime émission « Saturday Night Live », ce que j'avais déjà fait en mai 2000. Je me suis retrouvée à incarner une employée d'un musée historique qui barattait le beurre avec la complicité de Jimmy Fallon et de Rachel Dratch. J'ai aussi interprété Skipper, la petite sœur de Barbie, incarnée par Amy Poehler. Je suis ainsi devenue la plus jeune invitée à chanter et jouer la comédie dans un même épisode de l'émission.

À la même époque, on m'a proposé de jouer dans une comédie musicale. Après mes déboires sur le tournage de *Crossroads*, je n'étais pas sûre d'avoir envie de renouveler l'expérience, même si le projet était alléchant. Il s'agissait de *Chicago*.

Des producteurs sont venus me rencontrer en pleine tournée pour me parler du rôle. Pourtant j'ai décliné la proposition. Ainsi que trois ou quatre autres, similaires. J'étais à fond dans la musique, je ne voulais pas m'en détourner. J'aimais ce que je faisais, et ça me suffisait.

Avec le recul, en ce qui concerne *Chicago*, j'aurais dû accepter. J'avais du pouvoir, à ce moment-là ; je regrette de ne pas l'avoir utilisé plus judicieusement, pour sortir des sentiers battus. *Chicago*, ça aurait été amusant. J'adore les chorégraphies : des numéros de cabaret ultra-léchés dans une ambiance girly tendance Pussycat Dolls avec corsets et compagnie. Avec l'aide d'un bon coach, j'aurais sûrement réussi à ne pas devenir mon personnage comme dans *Crossroads*. Et puis cela m'aurait donné l'occasion de jouer une méchante qui tue un homme, le tout en chantant et en dansant !

Si seulement j'avais eu le courage de sortir de ma zone de confort au lieu de me cantonner à mon terrain de jeu familier ! Mais j'étais déterminée à ne pas faire de vagues et à serrer les dents en cas de contrariété.

Sur le plan personnel, je nageais dans le bonheur. Justin et moi habitions ensemble à Orlando une splendide maison à un étage aux volumes déments, avec toit de tuiles et piscine dans le jardin. On avait beau travailler comme des dingues, on se débrouillait pour passer un maximum de temps ensemble. Je faisais un break tous les deux ou trois mois pour passer au moins quinze jours avec lui chez nous, et parfois jusqu'à deux mois. C'était pour ainsi dire notre port d'attache.

Alors que Jamie Lynn était encore petite, nous avons reçu ma famille à Orlando pendant une semaine. Nous sommes allés chez FAO Schwarz. Tout le magasin de jouets avait été privatisé pour nous. Ma petite sœur s'est fait offrir une décapotable miniature avec des portières qui s'ouvraient vraiment, à mi-chemin du kart à pédales et de la vraie voiture. J'ignore comment ma mère l'a rapportée à Kentwood, mais Jamie Lynn a piloté son bolide jusqu'à ce qu'elle ne rentre plus dedans. Cette gamine dans sa décapotable, c'était tout un poème. Il fallait la voir au volant de sa mini Mercedes rouge ! Elle était craquante.

Dans ma famille, on lui passait tous ses caprices. « Si ça te plaît, on te le paie. » C'était notre devise. Franchement, c'était comme si elle vivait dans la chanson « 7 Rings » d'Ariana Grande ! Moi, j'avais grandi pauvre. Mon trésor le plus cher, c'était ma collection de poupées Madame Alexander. Il en existait des dizaines. Leurs paupières s'ouvraient et se refermaient, et chacune avait un prénom. Certaines représentaient des personnages historiques ou des héroïnes de fiction, comme Scarlett O'Hara ou la reine Elizabeth. J'avais les quatre filles du docteur March. Quand j'ai reçu ma quinzième poupée, j'avais l'impression d'avoir tiré le gros lot !

Cette période était très heureuse. J'étais follement, intensément amoureuse de Justin. Je ne sais pas si on aime différemment quand on est jeune, mais avec Justin, on avait vraiment un truc à part. La force de notre lien se passait d'actes et de paroles.

Quand j'étais petite, les mamans du quartier adoraient parer leur tribu de tenues assorties pour se rendre à l'église. En 2001, pour la cérémonie des American Music Awards, que je devais coanimer avec LL Cool J, Justin et moi étions dans le même délire. Justin avait prévu d'y aller en jean.

— Chiche, on assortit nos tenues ! ai-je suggéré. On la joue total look denim !

J'avais dit ça pour rire. Je ne pensais pas que mon styliste accepterait et encore moins que Justin jouerait le jeu. Contre toute attente, l'idée a été validée. Le styliste de Justin lui a trouvé un costume tout en denim, avec veste et même chapeau en jean. Moi, j'ai eu droit à une robe en jean avec un corset tellement serré en dessous que je risquais de tomber dans les pommes. La séance d'essayage a été complètement surréaliste. Justin et moi assistions à quantité d'événements ensemble, comme les Teen Choice Awards, et ce n'était pas la première fois que nous accordions nos tenues. Mais le coup du total look denim, il fallait oser !

On était kitsch à souhait. Et ça me fait toujours sourire de voir que notre look est devenu un déguisement d'Halloween. Je sais que son ensemble a valu pas mal de vannes à Justin. Dans un podcast, je l'ai entendu expliquer au journaliste qui le taquinait à ce sujet :

— On fait beaucoup de choses quand on est jeune et amoureux.

C'était exactement ça. On était fous l'un de l'autre, notre tenue en était la preuve.

Pourtant tout n'était pas rose. À plus d'une reprise, pendant notre relation, j'ai su que Justin m'avait trompée. En 2000, par exemple, quand il était à Londres avec NSYNC, des photographes l'ont surpris dans une voiture avec une des filles des All Saints. À l'époque, on ne sortait ensemble que depuis un an. Mais j'étais tellement dingue de lui que j'ai fermé les yeux, même si les tabloïds prenaient un malin plaisir à enfoncer le clou. Je ne lui en ai jamais parlé.

Une autre fois, à Las Vegas, un de mes danseurs m'a raconté que Justin avait montré du doigt une fille et déclaré qu'il se l'était « tapée » la veille. (Je ne révélerai pas le nom de la fille en question – elle est plutôt connue et elle a un mari et des enfants.) Choqué, mon danseur a cru que Justin avait fumé et qu'il fanfaronnait. Il n'empêche que pas mal de rumeurs me revenaient aux oreilles à propos de Justin et ses danseuses, quand il ne s'agissait pas de ses fans. Manifestement, il se faisait plaisir. Je n'étais pas dupe, mais je préférais ne pas en parler.

Du coup, moi aussi, je l'ai trompé. Attention, pas cinquante fois : une seule ! C'était avec Wade Robson. On est sortis un soir dans un bar latino. On n'arrêtait pas de danser. Et je suis sortie avec lui ce soir-là.

Je suis restée fidèle à Justin pendant des années. Je n'avais d'yeux que pour lui, à cette exception près.

D'ailleurs, je lui ai avoué mon dérapage. On l'a mis sur le compte d'une erreur de jeunesse et on a tourné la page. On est restés ensemble. Pour toujours, croyais-je. Espérais-je.

Je suis tombée enceinte. C'était inattendu, mais, pour moi, ce n'était pas une tragédie. J'aimais tellement Justin ! J'envisageais depuis le début de fonder une famille avec lui.

Justin, au contraire, a très mal réagi à l'annonce de ma grossesse. Il prétendait que nous n'étions pas prêts à avoir un enfant, que nous étions beaucoup trop jeunes. Je pouvais comprendre son point de vue. De toute manière, s'il n'avait pas envie de devenir père, je n'avais guère le choix. Je n'allais pas le forcer. Notre relation était trop importante à mes yeux !

J'ai donc décidé – je me doute que cet aveu va me valoir la haine de nombreuses personnes – d'interrompre ma grossesse.

Jamais je n'aurais pensé recourir un jour à l'avortement, mais, vu les circonstances, je m'y suis résolue.

J'ignore à ce jour si c'était le bon choix. Si ça n'avait tenu qu'à moi, je ne l'aurais pas fait. D'un autre côté, Justin était catégorique : il ne voulait pas devenir père.

En revanche, nous avons pris une décision que je regrette : celle de ne pas aller dans une clinique. La nouvelle de ma grossesse et de mon avortement ne devait pas s'ébruiter, ce qui ne nous laissait qu'une seule option : tout faire à la maison.

Nous n'en avons même pas parlé à mes parents. La seule à être au courant, à part Justin et moi, c'était Felicia, qui était toujours disponible et prête à m'aider. On m'a dit : « Ça risque de faire un peu mal, mais c'est sans danger. »

Le jour J, avec pour seule compagnie Justin et Felicia, j'ai donc pris les petits comprimés. Bientôt, j'ai commencé à avoir des contractions atrocement douloureuses. Je me suis réfugiée dans la salle de bains et j'y suis restée des heures, prostrée par terre, à gémir et à sangloter. On aurait tout de même pu me donner quelque chose contre la douleur ! J'aurais voulu aller chez le médecin. J'aurais voulu une anesthésie ! J'avais l'impression que ma dernière heure était arrivée.

La douleur était indescriptible. Je suis tombée à genoux, cramponnée à la cuvette des toilettes. J'étais incapable de bouger. Aujourd'hui encore, ça reste l'une des pires douleurs que j'aie connues. Pourquoi, mais pourquoi ne m'a-t-on pas emmenée aux urgences ?

Justin m'a rejointe dans la salle de bains et il s'est assis par terre à côté de moi. À un moment, songeant sans doute qu'un peu de musique me ferait du bien, il est allé chercher sa guitare et il m'a tenu compagnie en grattant doucement les cordes.

J'ai pleuré à chaudes larmes jusqu'au bout. Ça a duré des heures, et je ne sais même plus comment ça s'est fini. Mais, vingt ans après, je me rappelle encore nettement la douleur et la terreur que j'ai éprouvées ce jour-là.

J'ai mis un moment à m'en remettre, parce que, malgré tout, je restais folle de Justin. Je l'aimais comme une dingue.

Malheureusement pour moi.

La rupture était proche. Et j'aurais dû sentir le vent tourner. Mais je n'ai rien vu venir.

13

Quand Justin a commencé à enregistrer son premier album solo, *Justified*, il est devenu froid et fuyant. Comme il avait déjà décidé de me sacrifier sur l'autel de son album, j'imagine que ça le mettait mal à l'aise de me voir le dévisager à longueur de journée, pleine d'admiration. Il a fini par me plaquer par SMS pendant que je tournais le clip du remix d'« Overprotected » par Darkchild. Quand j'ai lu son message, dans mon car-loge, j'étais entre deux prises. Il a bien fallu que j'y retourne.

Certes, Justin m'avait fait souffrir durant notre relation, mais elle s'était bâtie sur un tel socle d'amour que, quand il m'a quittée, je me suis effondrée. Littéralement. Pendant des mois, j'arrivais à peine à parler. Quand on m'interrogeait à son sujet, je ne faisais que sangloter. Je ne sais pas si j'étais en état de choc au sens clinique du terme, mais je l'ai vécu comme ça.

Il suffisait de me connaître un peu pour se rendre compte que je touchais le fond. Je suis rentrée à Kentwood. Je ne parlais ni à ma famille ni à mes amis : c'était au-dessus de mes forces. Je sortais à peine de la maison ! Je restais dans mon lit à fixer le plafond.

Justin est venu me rendre visite en Louisiane. Il m'avait écrit une longue lettre qu'il avait fait encadrer pour moi. Je l'ai toujours, sous mon lit. Il concluait par cette phrase : « Sans toi, je ne peux pas respirer. »

J'étais sciée. Quelle plume ! Il avait su mettre les mots sur ce que je ressentais : j'avais l'impression de suffoquer, je n'arrivais plus à respirer après tout ce qu'il s'était passé. Hélas ! Malgré ses efforts, sa visite et sa lettre, je n'ai pas réussi à sortir de cet état. Et je ne parvenais toujours pas à parler. Ni à lui, ni à qui que ce soit.

14

Je n'avais aucune envie de remonter sur scène, mais mon contrat prévoyait encore quelques dates alors j'ai fini ma tournée. Je n'avais qu'une hâte : que ça se termine, pour profiter de journées et de soirées rien qu'à moi, descendre humer les embruns sur la jetée de Santa Monica, écouter le fracas métallique de la montagne russe, et contempler l'Océan. À la place, chaque jour, je devais trimer. C'était toujours le même topo : installer le matos, le remballer. Balance, shooting. Et moi, au milieu, à me demander : « On est dans quelle ville, là, déjà ? »

La tournée Dream Within a Dream, qui m'avait tant enthousiasmée au début, était devenue une corvée. J'étais fatiguée, physiquement et moralement. J'avais envie de tout plaquer. Je me suis mise à rêver d'ouvrir une petite boutique à Venice Beach avec

Felicia et de tourner le dos au show-biz. Avec le recul, je me rends compte que je n'avais pas pris le temps de me remettre de ma rupture avec Justin.

* * *

À la toute fin de la tournée, en juillet 2002, on a pris la route vers le sud pour un concert à Mexico. Le trajet a failli tourner à la catastrophe.

On voyageait dans des vans, et après avoir traversé la frontière, on a dû s'arrêter précipitamment. On avait été stoppés par un gang avec des armes à feu absolument gigantesques. J'étais terrorisée, j'avais l'impression qu'on était pris en embuscade. Je ne comprenais absolument rien à ce qui se passait, même si j'avais bien vu qu'on était encerclés par des hommes manifestement en colère. Dans mon van, tout le monde était extrêmement tendu ; j'avais des gardes du corps avec moi, mais qui pouvait prédire ce qui allait arriver ? Après une éternité, il semble y avoir eu des sortes de négociations pour faire la paix – on se serait cru dans un film. Encore aujourd'hui, j'ignore ce qui a bien pu se produire, pourtant, au bout du compte, on nous a autorisés à reprendre la route, et on a pu jouer face à cinquante mille spectateurs (le concert du lendemain a en revanche dû être annulé en plein milieu à cause d'un orage démentiel).

Ce concert annulé par l'orage marquait la dernière date de la tournée Dream Within a Dream, et quand j'ai fait savoir à tout le monde que je voulais souffler un moment, ça a jeté un froid. Lorsqu'un artiste a du succès, on lui met la pression pour qu'il ne lâche rien tant que les ventes sont au rendez-vous, et tant pis si le cœur n'y est plus. Par ailleurs, j'allais bientôt constater que retourner chez ma mère n'était plus vraiment une option.

Une fois en Louisiane, j'ai été interviewée par le magazine *People*. Je n'avais rien à promouvoir, mais, d'après mon équipe, c'était important de montrer que j'allais bien et que je faisais « un petit break, rien de plus ».

J'ai posé devant puis dans la maison, sur le canapé, avec ma mère et les chiens. On m'a fait vider mon sac pour prouver que je n'y cachais ni drogues ni cigarettes ; tout ce qu'il contenait, c'était des chewing-gums Juicy Fruit, du parfum à la vanille, des pastilles à la menthe et un petit flacon d'huile essentielle de millepertuis pour lutter contre les coups de blues.

— Ma fille va merveilleusement bien, a affirmé ma mère au journaliste. En dépression, elle ? Jamais de la vie !

Il faut savoir que la famille de Justin était entre-temps devenue ma vraie famille, la seule qui se soit montrée vraiment aimante envers moi. Les fêtes, c'était uniquement chez lui que je les passais. Je connaissais ses grands-parents, des gens adorables. Quand on allait chez eux, j'avais l'impression d'être chez moi. Ma mère venait parfois nous voir à Orlando. Mais lorsque je lui rendais visite, je n'avais pas le sentiment de rentrer à la maison.

À cette époque, elle se remettait péniblement de son divorce, qui avait enfin été prononcé. Déprimée, dopée à tout un cocktail de médicaments obtenus sans ordonnance, elle arrivait à peine à décoller du canapé. Quant à mon père, il avait disparu de la circulation. Et ma petite sœur… Eh bien, pardon, mais, avec l'adolescence, c'était devenu une vraie petite peste.

J'avais toujours été la bosseuse de la famille. Pendant que j'étais sur les routes avec Felicia, je ne m'étais pas rendu compte de la tournure que prenaient les choses à Kentwood. Mais ma mère et ma sœur avaient changé, et pas qu'un peu, ainsi que je l'ai rapidement constaté. Jamie Lynn regardait la télé et ma mère faisait ses quatre volontés. Elle lui apportait des milk-shakes au chocolat. Ma petite sœur imposait clairement sa loi.

Alors que moi, j'étais devenue invisible. Je me rappelle avoir eu la désagréable impression, en entrant dans la pièce, que personne ne remarquait ma présence. Ma sœur n'avait d'yeux que pour l'écran de la télé. Ma mère, dont j'avais autrefois été si proche, semblait évoluer sur une autre planète.

Et quand j'ai vu sur quel ton ma sœur s'adressait à elle, ma mâchoire a failli se décrocher. Elle lui balançait des horreurs, si bien que je me tournais vers ma mère.

— Non, mais tu vas la laisser te parler sur ce ton, cette petite p… este ?

Franchement, elle était odieuse.

Je me sentais trahie par sa métamorphose. C'est moi qui avais payé la maison dans laquelle elle avait grandi. Une fois ado, loin de s'en montrer reconnaissante, elle s'est mise à râler. Comme si je les avais forcées ! Cette maison, c'était un cadeau. Je l'avais achetée parce que ma mère en avait besoin et que je voulais que ma sœur grandisse dans de meilleures conditions que moi !

En Louisiane, la vie avait continué en me laissant sur le bas-côté. J'étais en plein chagrin d'amour, je ne retrouvais pas ma place dans la ville de mon enfance. En un sens, c'était normal : j'étais en train de grandir, de devenir une femme. Pourtant, dans ma tête, je vivais un curieux phénomène. Comme dans *L'Étrange Histoire de Benjamin Button*. Je vivais exactement la même chose. J'avais l'impression de remonter dans le temps, voire de retomber en enfance ! Ma vulnérabilité me rajeunissait.

15

Pour me changer les idées, en septembre 2002, je suis allée à Milan rendre visite à Donatella Versace. Ce voyage m'a revigorée ; il m'a rappelé qu'on pouvait encore s'amuser sur cette terre. On a bu du vin fabuleux et mangé des plats incroyables. Donatella était une hôte pleine de dynamisme, si bien que j'ai senti l'espoir renaître : les choses allaient s'arranger, ne serait-ce qu'un peu.

Elle m'avait invitée en Italie pour participer à l'un de ses défilés de mode. Elle m'a prêté une magnifique robe arc-en-ciel pailletée. J'étais censée chanter, mais je n'en avais pas envie, alors après avoir effectué quelques poses, Donatella m'a dit qu'on allait pouvoir se détendre. Elle a demandé qu'on joue ma reprise de « I Love Rock'n'Roll » de Joan Jett, j'ai salué les mannequins, et le tour était joué.

Ensuite, on a fait la bringue. Donatella est connue pour ses fêtes somptueuses, et celle-ci était à la hauteur de leur réputation. Je me souviens y avoir vu Lenny Kravitz et plein de gens cool. Cette soirée, c'est vraiment ce que j'ai fait en premier pour me sortir de la rupture avec Justin – seule, et innocente.

Ce soir-là, j'ai remarqué un type que j'avais trouvé très mignon. Tout chez lui donnait à penser qu'il était brésilien : il avait les cheveux bruns, il était beau gosse, il fumait un blunt – on ne pouvait pas faire plus *bad boy*. Il n'avait rien à voir avec les acteurs de Los Angeles que j'avais côtoyés – il faisait plus penser à un homme, un vrai, le genre avec qui on vit une histoire sans lendemain. Il transpirait le sexe par tous les pores.

Quand il m'a tapé dans l'œil, il allait parler avec deux filles, mais j'étais persuadée qu'il avait envie de discuter avec moi.

On a fini par échanger et j'ai eu envie de boire un dernier verre avec lui à mon hôtel. On s'est dirigés vers ma voiture, mais en cours de route, il a fait quelque chose qui m'a tout bonnement refroidie. Je n'en ai plus aucun souvenir, mais ça m'a profondément agacée, alors j'ai dit au chauffeur de s'arrêter, et sans un mot, je l'ai éjecté sur le bord de la route et je l'ai planté là.

Maintenant que j'ai des enfants, il ne me viendrait pas à l'idée d'agir ainsi – je lui dirais plutôt : « Je vais te déposer à cet endroit, à tel moment… » Mais à l'époque, je n'avais que vingt ans, c'était purement instinctif de ma part. Je n'aurais jamais dû laisser entrer cet inconnu dans ma voiture, pourtant je l'en ai fait sortir.

Peu après mon retour, Justin, qui s'apprêtait à sortir *Justified*, a interprété sur le plateau de Barbara Walters un inédit intitulé « Don't Go (Horrible Woman) ». Les paroles : « *I thought our love was strong. But I guess I was dead wrong. But to look at it positively, hey girl, at least you gave me a song about another Horrible Woman*[1]. » De toute évidence, j'étais visée.

Moins d'un mois plus tard, Justin sortait le clip de « Cry Me a River », dans lequel mon sosie le trompe tandis qu'il erre tristement sous la pluie. Dans les médias, j'étais décrite comme la traînée qui avait brisé le cœur de l'idole des jeunes Américains. Alors qu'en fait je croupissais en Louisiane, réduite à l'état de zombie, pendant qu'il s'éclatait à Hollywood. Et, que ce soit dans cet album explosif ou dans la flopée d'interviews qui a suivi, pas une fois Justin n'a jugé bon de mentionner ses propres infidélités !

À Hollywood, on se montre bien plus permissif envers les hommes qu'envers les femmes. On incite souvent les hommes à dénigrer les femmes pour accéder à la gloire et au pouvoir. Et j'en ai fait les frais.

---

1. Je croyais que notre amour était fort, mais visiblement j'avais tort. Cela dit, ma jolie, restons positifs : tu m'auras au moins inspiré une nouvelle chanson à propos d'une Horrible Femme.

Ma prétendue trahison donnait à cet album une noirceur du meilleur effet tout en lui assignant une fonction : démolir la femme infidèle. Au début des années 2000, dans le monde du hip-hop, la mode était au « Fuck you, bitch ! ». À l'époque, se venger d'une femme pour manque de respect, réel ou fantasmé, était un thème qui faisait fureur. « Kim », la chanson ultra-violente d'Eminem, par exemple, était un vrai hit. Le seul problème avec ce genre de scénario, c'est que, pour Justin et moi, ça ne s'était pas du tout passé comme ça.

« Cry Me a River » a fait un carton. Tout le monde s'apitoyait sur Justin tandis que j'étais traînée dans la boue.

Comment aurais-je pu raconter ma version ? Je n'allais pas me lancer dans des explications : personne ne m'aurait soutenue, maintenant que tout le monde avait gobé celle de Justin.

Je ne pense pas, même encore aujourd'hui, qu'il ait mesuré le rôle qu'il a joué dans mon humiliation publique.

Après la sortie de « Cry Me a River », je me faisais huer partout où j'allais. J'allais en boîte et j'entendais qu'on me sifflait. Un jour, j'ai assisté à un match des Lakers avec ma petite sœur et un ami de mon frère, et tout le public, le stade entier m'a huée.

Justin ne s'est pas arrêté là. Il a dévoilé à la terre entière que nous couchions ensemble. Je me suis alors vu traiter non seulement de traînée, mais aussi d'hypocrite et de menteuse. Comme je comptais énormément d'ados parmi mes fans, mes managers ainsi que la presse s'évertuaient depuis le début à me faire incarner une sorte de chaste vestale. J'habitais avec Justin et j'avais des relations sexuelles depuis l'âge de quatorze ans, mais ça, ils s'en fichaient.

Est-ce que j'en ai voulu à Justin pour cet « outing » ?

Non. J'étais plutôt contente. J'avais plus de vingt ans, pourquoi persistait-on à vouloir faire de moi une vierge effarouchée ? Et qui est-ce que ça regardait si je faisais l'amour ou pas ?

Pendant une interview télévisée, Oprah m'a assuré que ma sexualité ne concernait que moi et que, pour ce qui était de la virginité, on n'était pas tenu « de le crier sur tous les toits si on changeait d'avis sur la question ». J'ai apprécié son soutien.

Je reconnais qu'adolescente j'avais joué le jeu à fond, puisque les gens semblaient en faire une affaire d'État. Quand on y pense, ce n'était pas bien malin de me pointer du doigt en me qualifiant de vierge. Ça n'intéressait que moi. Et ça détournait l'attention de mes qualités de chanteuse et de danseuse. Je me démenais pour être au top, dans les studios et sur la scène. Pourtant, que voulaient savoir la plupart des journalistes ? Si j'avais des faux seins et si mon hymen était encore intact.

Quand Justin a reconnu devant tout le monde qu'on avait eu des relations sexuelles, ça a brisé la glace et ça m'a évité d'avoir à déclarer que j'étais sexuellement active. Je ne lui en ai jamais voulu et, d'ailleurs, j'ai pris sa défense quand on le lui a reproché. Sincèrement, je ne l'ai pas mal pris. Au contraire, pour moi, le fond du message, c'était : « Britney n'est plus une gamine, c'est une femme. Non, elle n'est pas vierge. Maintenant, fermez-la. »

Enfant, je vivais dans la honte. Je me sentais tout le temps coupable et j'avais l'intime conviction d'être mauvaise aux yeux de mes parents. Lorsque j'avais des accès de tristesse ou de solitude, je pensais que c'était ma faute, que je ne méritais pas mieux que le malheur et la malchance.

Même si je savais que la vérité était loin de ressembler au tableau que Justin en dressait, je restais persuadée que je méritais ce qui m'arrivait. J'avais dû faire des choses répréhensibles au cours de ma vie, forcément. Je crois au karma, et quand il m'arrive des tuiles, je pars du principe que c'est mon passé qui me rattrape.

J'ai toujours été dotée de facultés d'empathie troublantes. Je suis capable de percevoir de façon subconsciente ce qu'on ressent à des milliers de kilomètres de moi. Il paraît que, parfois, les règles des femmes se synchronisent ; moi, ce sont mes émotions qui se synchronisent systématiquement avec celles de mon entourage. Je ne connais pas le mot New Age qui conviendrait pour décrire le phénomène : la conscience cosmique, l'intuition, la connexion psychique… Tout ce que je sais, c'est que je perçois l'énergie des gens. Je ne peux pas m'empêcher de l'absorber.

Au risque de paraître mystique, ce que j'essaie de dire, c'est qu'à cause de ma sensibilité hors normes, de ma grande jeunesse, du choc de la rupture et du traumatisme de l'avortement, je n'ai pas assuré. Justin avait monté tout un scénario dans lequel je passais pour la méchante, et moi, j'y ai cru. Résultat, depuis, c'est comme si j'étais victime d'une malédiction.

J'espérais cependant rectifier le tir. Et même si j'avais un karma pourri, peut-être qu'il m'appartenait, en tant que femme, de changer le cours de mon destin, de forcer ma chance.

Je n'en pouvais plus, alors je me suis enfuie en Arizona avec une amie. Il se trouve qu'elle était sortie avec le meilleur ami de Justin, et ils s'étaient séparés à peu près en même temps que nous, alors on a décidé de faire un road trip pour prendre le large. On s'est bien trouvées et on a décidé de laisser nos malheurs derrière nous.

Vu ce qu'elle avait traversé, ma copine avait le cœur brisé, comme moi. On a donc beaucoup parlé, malades de chagrin et de solitude, et je lui étais reconnaissante de son amitié.

Sous un ciel criblé d'étoiles, nous roulions dans le désert en décapotable, cheveux au vent, sans musique, sans autre bande-son que le sifflement de la nuit qui défilait autour de nous.

Alors que je contemplais la longue route qui s'étirait devant nous, peu à peu, un drôle de sentiment s'est emparé de moi. Je menais depuis si longtemps une existence frénétique que je pensais ne jamais pouvoir reprendre mon souffle. Or, à ce moment-là, quelque chose s'est imprimé en moi : une profonde beauté, étrange et imposante. Je me suis tournée vers mon amie, sans trouver mes mots, immergée dans cette sensation, pendant de longues minutes.

Soudain, sa voix a fendu le vent.

— Tu sens ?

Elle me regardait.

— C'est quoi ce truc ?

Elle le percevait donc aussi.

J'ai tendu ma main vers la sienne et je l'ai serrée très fort.

Selon le poète Rûmî, c'est par la blessure que la lumière pénètre en nous. J'y ai toujours cru. Le phénomène dont nous avons fait l'expérience cette nuit-là dans l'Arizona, nous l'avons senti parce que nous en avions besoin. Sur le plan spirituel, on était à vif. Le phénomène nous a montré qu'il existe des choses qu'on ne peut voir à l'œil nu. Certains parlent de Dieu, d'autres d'instance supérieure ou encore de manifestation paranormale. Quoi que ce soit, c'était assez réel pour qu'on en soit toutes les deux témoins. Pourtant, au début, je n'avais pas osé lui en parler. J'étais gênée, j'avais peur de passer pour une folle.

Il m'est arrivé très souvent de me taire, craignant de passer pour une folle. J'ai pourtant fini par apprendre la leçon : il faut dire ce qu'on ressent, même quand ça nous terrifie. Il faut raconter son histoire. Faire entendre sa voix.

Il me restait encore beaucoup de choses à découvrir, cette nuit où j'ai perçu la présence de Dieu dans le désert de ma solitude. Mais j'ai su alors que je ne laisserais pas les ténèbres me consumer. Même la nuit la plus sombre regorge de lumière, pour qui se donne la peine de la chercher.

16

Finalement, Justin a couché avec six ou sept filles au cours de la semaine qui a suivi notre rupture officielle, en tout cas d'après ce qu'on m'a raconté. Rien de très étonnant : on parle de Justin Timberlake. Il entamait une carrière solo. Il incarnait le rêve de n'importe quelle fille. Tout le monde était sous son charme, ce que je pouvais comprendre, car j'étais moi-même amoureuse de lui.

Toujours est-il que, puisqu'il s'était remis en selle, j'ai décidé d'en faire autant. Entre ma tournée et mon cœur brisé, ça faisait un moment que je n'avais rencontré personne. Cet hiver-là, j'ai flashé sur un mec et un pote tourneur m'a félicitée :

— Excellent choix, il est trop cool ! Il s'appelle Colin Farrell, il tourne un film en ce moment, *S.W.A.T. unité d'élite.*

Je n'avais pas froid aux yeux. J'ai sauté dans ma voiture et je suis allée directement le trouver sur son lieu de tournage (non, mais pour qui je me prenais ?).

Il n'y avait pas de service de sécurité alors j'ai pu m'avancer jusqu'au plateau – ils tournaient une scène en intérieur. Quand le réalisateur m'a vue, il m'a cédé son fauteuil.

Je me suis assise et je les ai regardés.

À un moment, Colin est venu me voir et il m'a demandé :

— Je fais quoi, à ton avis ? Des conseils ?

En gros, il m'invitait à le diriger le temps de la scène !

Notre rencontre a débouché sur une sorte de lutte passionnée qui a duré deux semaines. Je n'ai pas d'autre mot pour décrire notre relation : on s'est jetés l'un sur l'autre, déchaînés, et on s'est démenés avec fougue pendant quinze jours. Un vrai corps-à-corps !

Durant ces quinze jours, Colin m'a invitée à la première de *La Recrue*, un thriller d'espionnage dans lequel il jouait aux côtés d'Al Pacino. J'étais très flattée ! Pour l'occasion, j'ai choisi de porter… un haut de pyjama. Je pensais que c'était un top à cause des petits sequins brodés, mais, quand je revois les clichés, ça ne fait pas l'ombre d'un doute : je suis allée à cette première en déshabillé.

Le jour J, j'étais excitée comme une puce. Toute la famille de Colin était présente et m'a chaleureusement accueillie.

J'ai senti que je m'emballais, alors, comme d'habitude dans ces cas-là, je me suis persuadée qu'entre nous c'était sans lendemain, qu'on s'amusait, rien de plus – que je me faisais des films parce que je n'avais pas encore tourné la page depuis ma rupture avec Justin. Mais pendant une courte période, j'ai vraiment pensé qu'il se passait quelque chose entre Colin et moi.

Je me suis retrouvée très isolée, et pas uniquement à cause de telles déceptions sentimentales. Les interactions sociales me mettaient de plus en plus mal à l'aise. Ce n'était pas faute de faire des efforts. J'ai même organisé une fête de Nouvel An avec Natalie Portman, que j'avais connue enfant dans l'univers du théâtre new-yorkais. Mais il m'en coûtait. La plupart du temps, je n'avais même pas le courage de téléphoner à mes amies. L'idée de sortir et d'affronter la scène ou le dancefloor d'une boîte m'angoissait. Je me sentais rarement bien au sein d'un groupe. Le plus souvent, j'étais rattrapée par ma phobie sociale.

Quand on en souffre, la moindre conversation devient une épreuve. On a des accès de gêne et de honte, aussi inexplicables que violents, particulièrement lors de fêtes ou de soirées où il faut faire bonne figure. J'avais peur de dire une bêtise et je craignais le jugement des autres. Lorsque ça m'arrive, je n'ai qu'une envie : m'isoler. La peur enfle et il ne me reste plus qu'à faire semblant d'aller aux toilettes pour filer en douce.

J'oscillais entre des périodes où je sortais beaucoup et d'autres où je vivais recluse. On me répétait sans arrêt que je respirais la confiance en moi. Les gens avaient du mal à concevoir qu'on puisse faire le show devant des milliers de spectateurs et néanmoins se sentir soudain terrifiée, en coulisses, en présence de seulement deux personnes.

C'est bizarre, les phobies. Lorsque j'ai compris que, quoi que je fasse (ou que je ne fasse pas, d'ailleurs), je finirais en une des magazines people, ma propre phobie s'est aggravée. Les articles à mon sujet étaient souvent illustrés de photos peu flatteuses prises au moment où je m'y attendais le moins. J'étais déjà formatée pour accorder beaucoup d'importance à ce qu'on pensait de moi, mais, une fois sous le feu des projecteurs, ma tendance naturelle à l'anxiété a pris des proportions horribles.

Tandis qu'on me démolissait dans la presse, Justin et Christina Aguilera se faisaient encenser. D'abord, Justin a posé à moitié nu en couverture de *Rolling Stone.* Ensuite ça a été au tour de Christina, déguisée en tenancière de bordel du Far West pour la couv de *Blender.* Puis, de mieux en mieux, ils ont posé ensemble en couverture de *Rolling Stone*, lui, tout en marcel noir et regard de braise, et elle fixant l'objectif en top noir à lacets. Dans l'interview, elle affirmait souhaiter qu'on se remette ensemble, Justin et moi, ce qui m'a laissée perplexe, vu comment elle m'avait débinée dans d'autres articles.

Ça m'a fait mal de voir des gens que j'avais intimement connus parler de moi ainsi dans la presse. Même s'ils ne s'en rendaient pas forcément compte, c'était cruel ; j'avais l'impression qu'ils s'amusaient à remuer le couteau dans la plaie. Ils semblaient oublier que j'étais un être humain, donc vulnérable, et que ces gros titres risquaient de me blesser.

J'avais envie de disparaître. Alors pendant des mois, j'ai vécu seule à New York dans un quadruplex situé en plein NoHo où Cher avait habité. Il avait de hauts plafonds, une terrasse avec vue sur l'Empire State Building et une vraie cheminée nettement plus chic que celle de notre salon de Kentwood. C'était le pied-à-terre idéal pour profiter de la ville, pourtant je ne mettais presque jamais le nez dehors. Une des rares fois où je suis sortie, quelqu'un dans l'ascenseur a dit quelque chose qui m'a fait rire. Je me suis retournée : c'était Robin Williams.

À un moment, je me suis rendu compte que j'avais trouvé le moyen de perdre les clés de mon appartement. J'étais peut-être la plus grande star de la planète, et je n'avais même pas les clés de mon propre appartement. Quelle andouille ! J'étais coincée, à la fois émotionnellement et physiquement ; faute de clé, je ne pouvais aller nulle part. Je n'avais pas non plus envie de communiquer avec qui que ce soit. Je n'avais rien à raconter de toute façon. (Depuis, vous pouvez être certain que j'ai toujours les clés de chez moi.)

Je n'allais ni à la salle de sport, ni au restau. Je ne parlais qu'à mon garde du corps et à Felicia qui, maintenant que je n'avais plus besoin de chaperon, était devenue mon assistante et néanmoins amie. J'avais pour ainsi dire disparu de la surface de la

Terre. Je mangeais des plats à emporter midi et soir. Et, aussi bizarre que ça puisse paraître, ce mode de vie me convenait parfaitement. J'étais bien chez moi. Je m'y sentais en sécurité.

En de rares occasions, il m'arrivait de sortir. Un soir, j'ai enfilé une robe Bebe à 129 dollars et des chaussures à hauts talons, et ma cousine m'a emmenée dans un club *underground* hyper classe, dans une cave, avec des murs rouges. J'ai tiré quelques taffes d'un joint, c'était la première fois que je fumais de l'herbe. Ensuite, je suis rentrée chez moi à pied, pour m'approprier la ville, non sans casser un de mes talons en chemin. Une fois dans mon appartement, je me suis posée sur ma terrasse et j'ai contemplé les étoiles pendant des heures. À cet instant, je ne faisais plus qu'une avec New York.

Pendant cette phase surréaliste de ma vie, une autre personne m'a rendu visite. Madonna est entrée et a pris aussitôt possession de la pièce. Je me rappelle m'être fait la réflexion sur le moment : « C'est sa pièce, maintenant. » Renversante de beauté, elle respirait le pouvoir et la confiance en soi. Elle s'est avancée droit vers la fenêtre, a étudié la vue et commenté :

— Joli.

— Oui, j'avoue que la vue est pas mal, ai-je répondu.

Avec son assurance à toute épreuve, Madonna m'a aidée à voir ma situation d'un œil neuf. Grâce à son intuition, elle avait sans doute deviné ce que je traversais. J'avais besoin d'un guide. J'étais un peu paumée.

Pendant un moment, Madonna s'est efforcée d'être mon mentor. Elle a notamment organisé pour moi une cérémonie d'initiation à la Kabbale, dite « cérémonie du fil rouge », avant de m'offrir toute une caisse des volumes du Zohar pour mes prières. Je me suis fait tatouer dans la nuque l'un des soixante-douze noms de Dieu en hébreu. Certains kabbalistes estiment qu'il désigne la guérison, ce qui était précisément ce à quoi j'aspirais.

À bien des égards, Madonna a eu une influence positive sur moi. Elle insistait sur l'importance de garder du temps pour son âme, et j'ai tenu compte de cette recommandation. Elle représentait une certaine force que j'avais besoin de voir de mes yeux. Il existe tant de manières d'être une femme dans notre industrie. On peut incarner la « diva », la « pro », ou encore la « gentille fille ». Pour ma part, je cherchais depuis des années à contenter tout le monde : mes parents, mon public – tout le monde.

Je crois que je tiens ça de ma mère, de la façon dont elle laissait mon père puis ma sœur la traiter. Très tôt dans ma carrière, j'ai adopté ce modèle. J'étais passive. Si seulement j'avais eu dans mon entourage une femme dure à cuire, histoire d'apprendre très jeune à l'imiter ! Et si je pouvais revenir en arrière, j'essaierais de devenir mon propre parent, mon propre partenaire, mon propre promoteur, comme le fait Madonna. Elle a été confrontée au sexisme, aux brimades du public et de l'industrie du disque, et elle s'est vu régulièrement reprocher son rapport à la sexualité, mais elle triomphe toujours de l'adversité.

Quand le magazine *Billboard* l'a élue « Femme de l'année » il y a quelque temps, Madonna a souligné dans son discours qu'elle avait enduré « le sexisme le plus flagrant, la misogynie, des brimades constantes et des insultes incessantes (...). Quand on est une fille, il faut jouer le jeu. Et ce jeu, quel est-il ? On a le droit d'être jolie, mignonne, sexy. Mais ne montrez pas trop d'intelligence ! Ne manifestez pas d'opinion ! ».

Elle a raison : l'industrie du disque (je pourrais dire la même chose du monde en général) est pensée pour les hommes. Les filles, surtout celles qui appartiennent comme moi à la catégorie des « gentilles filles », risquent de se faire dévorer tout cru. J'étais même presque devenue trop gentille. Partout où j'allais, je chargeais Felicia d'écrire des mots de remerciements pour le chef, le barman, la secrétaire... Aujourd'hui encore, je reste adepte des cartes de remerciements (je suis du Sud, on ne se refait pas).

Bref, Madonna a remarqué que j'étais prête à tout pour plaire, que je voulais contenter les autres au lieu d'imposer mes propres choix, de taper du poing sur la table et de lancer : « Maintenant vous m'écoutez, ça va se passer comme ça et pas autrement. »

Nous avons décidé de faire un numéro ensemble pour les VMA.

Avec Madonna, nous devions conclure le spectacle en simulant un baiser. Environ deux minutes avant la représentation, assise en coulisses, j'ai repensé à ma meilleure performance pour les VMA, la fois où j'avais retiré mon costume en plein numéro pour révéler une seconde tenue moulante et pailletée. J'avais envie de revivre un moment fort, cette année-là. J'ai réfléchi à cette histoire de baiser. « Je fais quoi ? ai-je pensé. Je fonce ? »

Ce baiser a beaucoup fait parler de lui. Oprah a interrogé Madonna à son sujet. Dans les médias, c'est devenu culte, « Britney embrasse Madonna ! », et il nous a valu pas mal d'attention à l'une comme à l'autre.

Pendant les répétitions, il m'était également venu l'idée d'une collaboration. On était en pleine réunion avec mon équipe, assis sur des chaises pliantes dans le studio d'enregistrement de Culver City. On discutait de la réaction mitigée de la maison de disques à ma nouvelle chanson, « Me Against the Music », que, personnellement, j'adorais. Sur mon dernier album, j'avais fait un tube avec « I'm a Slave 4 U », et Barry Weiss, le directeur de mon label, réclamait plus de titres comme celui-là. Mais je défendais « Me Against the Music ». Je n'en démordais pas.

— Et si on faisait un featuring ? ai-je alors suggéré.

C'est ce qui peut assurer le succès d'une chanson : l'événement qu'il y a derrière. Je pensais qu'avec la bonne guest star, on pouvait créer l'événement.

— Tu penses à qui ? m'a demandé mon manager.

— À elle ! ai-je répliqué en lui indiquant Madonna, qui était à l'autre bout de la salle. On lui propose ?

Il était emballé.

Au lieu de passer par l'intermédiaire de son équipe, on a décidé que j'irais soumettre directement notre proposition à Madonna. Alors, je suis allée l'aborder. Je lui ai expliqué qu'on pourrait s'amuser avec cette chanson, et que ça nous serait mutuellement bénéfique. Elle a accepté.

« Me Against the Music » reste l'une de mes chansons préférées, et c'est en grande partie grâce à notre collaboration qu'elle a marqué les esprits.

Le premier jour du tournage de notre clip, qui allait en durer deux ou trois, on nous a informés qu'une des coutures du tailleur blanc de Madonna avait cédé et qu'elle faisait venir une couturière : il nous faudrait patienter.

Ça a duré des heures. Dans mon car-loge, pendant que j'attendais qu'on fasse le nécessaire, j'hallucinais complètement. Je ne savais même pas que c'était une option, s'octroyer autant de temps pour soi ! Moi, si je cassais le talon de ma chaussure, jamais je n'aurais contraint la prod à tout interrompre. Je faisais ce que la direction me disait, même s'il me fallait remonter sur scène à cloche-pied ou finir un concert pieds nus.

Ce tournage m'a permis de constater que Madonna savait très précisément ce qu'elle voulait et refusait toute forme de compromis. J'en suis restée béate d'admiration. Elle s'arrangeait pour être perpétuellement au centre de l'attention. Elle nous dictait notre emploi du temps et imposait ses idées ; tel était le prix à payer si l'on voulait collaborer avec elle. La côtoyer de si près a été une expérience riche d'enseignements (même si j'allais mettre longtemps à les assimiler) : le pouvoir, elle l'exigeait, elle le prenait. On faisait ses quatre volontés parce que c'était la condition *sine qua non* de sa présence où que ce soit. Et cette vie-là, elle se l'était façonnée toute seule. J'espérais parvenir à en faire autant sans sacrifier complètement mon identité de « gentille fille », à laquelle j'étais malgré tout attachée.

17

J'étais ravie de mon nouvel album, *In the Zone.* « Me Against the Music », en featuring avec Madonna, était le premier single tiré de cet album. Le suivant a été « Toxic », pour lequel j'ai remporté un Grammy Award. En plus d'être un énorme tube, « Toxic » était une chanson innovante, et je prends toujours autant de plaisir à la jouer sur scène.

Pour faire la promo de l'album, je suis sortie un soir dans New York avec une équipe de MTV pour filmer un documentaire intitulé *In the Zone & Out All Night.* Nous avons parcouru la ville pour faire des apparitions dans trois boîtes de nuit, le Show, le Splash et l'Avalon. C'était exaltant de voir ces foules se déhancher sur mes nouveaux tubes. Comme tant de fois au cours de ma carrière, mes fans m'ont rappelé pourquoi je faisais ce métier.

Et puis, un jour, on a toqué à ma porte. Quand je l'ai ouverte, quatre hommes sont entrés sans autre forme de procès ; je n'ai pas reconnu trois d'entre eux, car je ne les avais jamais vus de ma vie.

Le quatrième, c'était mon père.

Ils m'ont fait asseoir sur un canapé (que j'ai encore aujourd'hui dans ma chambre), et ils ont commencé à me bombarder de questions. J'étais incapable de répondre : je ne souhaitais parler à personne. Je n'avais rien à dire.

Le lendemain, j'ai reçu un appel de mon équipe m'informant que j'allais m'entretenir avec la journaliste Diane Sawyer… sur ce même canapé, pour le même prix ! À cause de ce qui s'était passé avec Justin, et de tout ce que j'avais traversé, je ne me sentais plus capable d'échanger avec qui que ce soit. Un nuage noir s'était installé au-dessus de ma tête ; j'étais traumatisée.

Je m'étais souvent réfugiée dans mon appartement pour m'isoler, et là, on me forçait à parler avec Diane Sawyer et à pleurer devant tout le pays.

C'était on ne peut plus humiliant. On ne m'a pas transmis les questions à l'avance, et il se trouve qu'elles étaient extrêmement gênantes. J'étais trop vulnérable à ce moment-là de ma vie, trop sensible, pour ce type d'interviews. Elle m'a interrogée sur le mode : « On l'entend à la télévision déclarer que vous lui avez brisé le cœur. Vous avez fait quelque chose qui lui a fait beaucoup de mal. Il a beaucoup souffert. Qu'avez-vous donc fait ? »

Je n'avais pas envie de partager quoi que ce soit de ma vie privée. Et je ne vois pas pourquoi j'aurais dû faire profiter les médias du moindre détail de ma rupture. Jamais on n'aurait dû me forcer à parler sur une chaîne de télévision nationale, me faire pleurer devant une inconnue, une femme qui s'acharnait contre moi en débitant ses questions vachardes. J'avais vraiment le sentiment d'être exploitée, piégée, sous les regards du monde entier.

Cette interview a marqué un point de rupture au fond de moi – on avait appuyé sur un interrupteur. Je sentais une force obscure prendre possession de mon être. Je me sentais me transformer, à la manière d'un loup-garou, en une Mauvaise Personne.

Je pense sincèrement que cette période de ma vie aurait dû être consacrée à la reconstruction – et pas à tout partager avec le reste du monde. Ç'aurait été le meilleur moyen de guérir.

Mais je n'ai pas eu le choix. Apparemment, personne ne se souciait de mon bien-être.

Pour les fêtes, je suis rentrée en Louisiane avec quelques copains. On s'amusait dans la maison que j'avais fait construire sur le terrain de ma mère quand celle-ci nous a fait une scène à cause du bruit. Tout à coup, j'ai eu une illumination : j'avais de l'argent, rien ne m'obligeait à rester ici. J'ai réservé un séjour à Las Vegas pour le Nouvel An et des potes de tournée nous y ont rejoints.

Au Palms Casino Resort, on s'est lâchés et on a bu. Beaucoup. Je le reconnais : on s'est mis dans un état pas possible, et on a dépassé les bornes. Ce n'était pas la première fois et ce ne serait pas la dernière, mais j'ai été saisie d'un vertige devant l'ampleur de la liberté qui s'offrait subitement à moi à « Sin City », la ville du péché. J'étais une gamine à moitié abrutie de travail et, d'un seul coup, je me retrouvais avec d'immenses plages de temps libre. Résultat : bonjour, alcool !

Paris Hilton est arrivée au casino. En un rien de temps, on était debout sur la table, on a retiré nos chaussures, et on s'est mises à courir dans tout l'établissement comme deux idiotes dans un état second.

On n'a manqué de respect à personne et je me suis éclatée avec Paris – on ne faisait que s'amuser, et on continue de le faire chaque fois qu'on se retrouve. Certains m'en garderont forcément rancune, et d'ailleurs, de nos jours, on ne peut plus faire ce genre de choses ; tout le monde dégainerait aussitôt son portable. Quoi qu'il en soit, le soir en question, on a fait les folles, et c'est tout. Je ne cherchais pas à provoquer un esclandre, j'avais déjà suffisamment attiré l'attention des médias ! Je profitais de ma liberté et récoltais les fruits de mon dur labeur.

Comme souvent quand on a vingt ans et quelques coups dans le nez, j'ai fini au lit avec quelqu'un : un ami d'enfance. Le troisième soir que nous avons passé ensemble à Las Vegas, on s'est pris lui et moi une cuite d'anthologie. Je ne m'en souviens pratiquement pas, mais, d'après ce que j'ai compris en assemblant les pièces du puzzle après coup, nous avons commencé par traîner un moment dans la chambre d'hôtel en regardant des films (*Le Sourire de Mona Lisa* et *Massacre à la tronçonneuse*), puis, vers 3 h 30, nous avons eu la brillante idée de nous rendre à Little White Chapel pour nous marier. À notre arrivée, une cérémonie était déjà en cours, alors nous avons dû patienter. Oui, nous avons fait la queue pour nous marier !

On m'a demandé depuis si je l'aimais. Que les choses soient claires : lui et moi n'étions pas amoureux. J'étais juste totalement ivre. Et sans doute un peu désœuvrée.

Le lendemain, ma famille au grand complet a débarqué en catastrophe. Mes parents m'ont fusillée du regard, les yeux pleins de haine.

— Il s'est passé quoi, cette nuit ? ai-je demandé. J'ai tué quelqu'un ?

— Tu t'es mariée ! m'ont-ils rétorqué, comme si c'était pire.

— C'était pour rigoler.

Mais, d'après mon père et ma mère, c'était gravissime.

— Il faut faire annuler le mariage, ont-ils décrété.

Ils ont monté ça en épingle, alors que pour moi, il n'y avait pas de quoi fouetter un chat ! Il me semblait que se marier pour le fun à Las Vegas, c'était le genre de chose qui arrivait. Et je ne m'attendais pas à ce que mes parents rappliquent et me traitent comme si je venais de déclencher la Troisième Guerre mondiale !

J'ai passé le restant de mon séjour à m'excuser platement entre deux sanglots.

On a signé tous les documents qu'on nous a dit de signer. Notre mariage a duré cinquante-cinq heures. J'ai tout de même trouvé curieux que mes parents interviennent si vite et soient aussi remontés. Je n'avais même pas eu le temps de regretter mon acte !

Je n'avais évidemment pas l'intention de fonder une famille avec ce type ni de passer ma vie avec lui ; il ne s'agissait pas de ça. Pourtant, mes parents m'ont fait subir un tel interrogatoire qu'au final j'étais à deux doigts de leur répliquer :

— Mais si ça se trouve, moi, j'ai envie d'être mariée !

Tous les jeunes connaissent un jour ou l'autre l'envie de se rebeller contre leurs parents, surtout quand ceux-ci ont la manie de tout vouloir contrôler. Avec le recul, il me semble que ma réaction était plutôt naturelle. On s'acharnait contre moi pour une bêtise qui, à mon sens, ne portait pas à conséquence et qui, de toute façon, ne regardait que moi.

Mes parents se montraient tellement opposés à ce mariage que j'en suis arrivée à penser que j'avais peut-être réalisé à mon insu un coup de génie. Cela me sautait aux yeux, à présent : il semblait vital pour eux que je reste sous leur coupe. Il ne fallait surtout pas que je contracte de liens forts avec un tiers.

« Mais de quoi ont-ils si peur ? me demandais-je. Quel mystérieux pouvoir est-ce que je détiens sur eux ? »

Précisons qu'à ce moment-là ils dépendaient financièrement de moi.

Tout le monde n'avait alors qu'une question à la bouche : et maintenant, tu fais quoi ? C'était une bonne question. Je connaissais la réponse. Je répétais inlassablement aux journalistes que je voulais plus que tout avoir du temps pour moi. J'espérais rencontrer l'amour et me poser. J'avais l'impression d'être passée à côté de la vie.

18

On a repris la route. Tout s'est à nouveau enchaîné. Les bus. Les portants chargés de costumes de scène. Les interminables répétitions. Les photos promotionnelles sur tapis rouge.

Sur le plan perso, je traversais une période difficile, et le show avait une atmosphère assez « dark », lui aussi. Les chorés sentaient la sueur, les thèmes étaient sombres, l'éclairage atmosphérique. Cette tournée a par ailleurs marqué un changement dans ma relation avec Bryan, mon frère aîné.

Il travaillait désormais pour moi, et pour la tournée Onyx Hotel – il était grassement payé (moi aussi, soit dit en passant). Il m'a également décroché un énorme contrat avec Elizabeth Arden. Pourtant, j'avais du mal à ne pas lui en vouloir : je m'embarquais pour une série de concerts éreintante tandis que lui était libre de profiter de la vie entre New York et Los Angeles.

Pendant ces deux années, on s'est éloignés, lui et moi. Et à bien des égards, j'ai eu la sensation de perdre en même temps Justin et Bryan.

Cette tournée était franchement déprimante. À Moline, dans l'Illinois, je me suis salement blessée au genou vers la fin du spectacle. Ça m'était déjà arrivé en répétant le clip de « Sometimes » pour mon premier album. Cette fois-ci, c'était plus grave. Je sanglotais, hystérique. Cette blessure m'a obligée à reporter deux dates, mais au fond de moi, la récréation avait sonné. J'avais viscéralement besoin de joie et de légèreté.

Et puis il y a eu les bras de Kevin Federline autour de moi. C'est le détail qui m'a le plus marquée. On s'était rencontrés dans un club hollywoodien appelé le Joseph's Café où j'avais ma table. Dès l'instant où j'ai vu Kevin, j'ai senti une connexion entre nous. Une échappatoire s'offrait subitement à moi dans cette période compliquée. Le soir même de notre rencontre, il m'a tenue dans ses bras, très fort, dans une piscine pendant des heures.

Kevin était alors à mes yeux un homme stable, solide, une vraie source de réconfort. On allait se baigner ensemble, il nouait ses bras autour de moi dans l'eau et il me tenait contre lui aussi longtemps que j'en avais envie. Ce n'était pas une histoire de désir. C'était intime. Existait-il meilleure sensation sur terre ? Et avait-on déjà fait ça pour moi ? Si oui, je ne m'en souvenais pas.

J'avais tant souffert de ma rupture avec Justin que j'avais longtemps eu peur de me remettre en couple. Cela faisait un moment que j'étais célibataire. Les médias listaient les gars que j'aurais dû fréquenter : princes, P-DG, mannequins… Comment leur faire comprendre que tout ce que je voulais, c'était qu'un homme me serre dans ses bras pendant une heure dans une piscine ?

J'ai l'impression que nous, les femmes (cela vaut en tout cas pour moi), on sait parfois déployer une grande force et endosser le rôle de la femme puissante, mais en fin de compte, quand on a trimé dur, qu'on a réussi, qu'on a assuré le confort des siens, on rêve que quelqu'un nous enlace et nous murmure que tout ira bien. Ça peut paraître rétrograde. Cependant je crois qu'il s'agit d'un instinct humain. Tout le monde aspire à se sentir à la fois en sécurité, vivant et désirable. Et Kevin m'apportait tout cela. Je me suis donc cramponnée à lui comme si ma vie en dépendait.

Au début, notre relation était pleine de légèreté. Je plaisais à Kevin telle que j'étais ! Moi qui avais passé ma vie à tenter de me conformer aux attentes que la société faisait peser sur les femmes, un mec qui m'autorisait à être vraiment moi-même, c'était un vrai don du ciel.

Certes, Kevin avait une réputation de « bad boy ». Toutefois, quand je l'ai rencontré, j'ignorais qu'il avait un bébé et que son ex était enceinte de huit mois. Je ne me doutais de rien. Je vivais dans ma bulle et je n'avais pas beaucoup de vrais amis pour recueillir mes confidences et me conseiller. Quand un proche m'a informée de la naissance de son deuxième enfant, je sortais avec lui depuis plusieurs semaines déjà. Je ne l'ai pas cru. Pourtant, Kevin a reconnu que c'était vrai : il voyait ses enfants une fois par mois.

— *Tes* enfants ? Parce que tu en as plusieurs ?

Je tombais des nues !

Au printemps 2004, j'ai dû reprendre les concerts. J'avais des engagements à tenir, même si je n'avais vraiment pas la tête à ça. Je me disais que tant que Kevin m'accompagnait, ça serait supportable. Et effectivement, on s'est éclatés. Il me changeait les idées pour que je ne me noie pas dans le boulot, un sacré défi, comme toujours. Après les représentations, je ne regagnais plus ma chambre d'hôtel toute seule. Pendant le vol du retour, on était en train de discuter quand je lui ai demandé de m'épouser. Il a d'abord refusé. Puis il m'a fait sa demande.

Ensemble, nous tenions un journal de bord de tournée. Le concept, à la base, était de réaliser un documentaire similaire à *In Bed with Madonna*. Finalement, c'était plutôt un aperçu de notre vie privée, façon vidéo amateur. Les images sont devenues l'émission de téléréalité *Britney and Kevin : Chaotic*.

La tournée Onyx Hotel a été franchement rude. Elle mettait trop l'accent sur le sexe. Justin m'avait déjà traînée dans la boue publiquement, alors ma répartie sur scène a consisté à m'aventurer un peu sur ce terrain. Mais c'était absolument horrible. Sur le moment, j'ai vraiment détesté. À vrai dire, j'ai détesté toute cette tournée idiote – à tel point que tous les soirs, je priais Dieu pour que je me casse un bras, une jambe, n'importe quoi. Et puis, le 8 juin 2004, alors que j'étais censée assurer encore deux mois de tournée, j'ai fait une nouvelle chute sur le tournage du clip d'« Outrageous » et j'ai à nouveau dû être opérée du genou. La suite des représentations a été annulée. Je me suis rappelé avec angoisse les séances de kiné que j'avais subies adolescente pour mon genou : un calvaire ! On me faisait lever et baisser les jambes alors que je souffrais le martyre. Lorsque les médecins m'ont prescrit de la vicodine, j'en ai pris. Je ne tenais pas à revivre ça.

Je suis retournée dans mon appartement à Manhattan et j'ai pris possession de mon lit de princesse. Quand on cherchait à me joindre à cette période, je répondais la même chose à tout le monde, amis, parents ou contacts professionnels : « Laissez-moi tranquille. Non, je ne prends pas de nouveaux projets. Je ne veux voir personne. » J'étais certaine d'une chose : si cela ne tenait qu'à moi, je ne repartirais pas en tournée avant un long moment.

Après le rythme effréné que je m'étais laissé imposer, j'estimais avoir le droit de gérer seule mon emploi du temps. J'avais l'impression d'avoir été manipulée pour repartir au front juste après ma rupture avec Justin et je n'avais pas trop rechigné – travailler, c'était encore ce que je faisais de mieux. Mais la tournée Onyx avait été une erreur.

J'aurais mieux fait de souffler – en tout cas de me remettre de cette rupture à mon rythme. L'industrie du disque est un univers dur, impitoyable. On joue dans une nouvelle ville chaque jour. Il n'y a pas de repères. Pas de répit. Quand j'ai tourné l'émission spéciale *Britney Spears : Live and More !* à Hawaï en 2000, j'ai commencé à mesurer à quel point c'est facile de faire de la télé. Le bon côté du métier, c'est vraiment la télé, certainement pas les tournées.

Ma sœur avait décroché un contrat en or avec Nickelodeon, la chaîne destinée aux enfants. J'étais ravie pour elle. Quand je l'ai vue apprendre son texte et faire ses essayages, je me suis rappelé avec plaisir mes années *Mickey Mouse Club*. Tout semblait si facile, alors ! Ça ne m'aurait pas déplu de travailler dans ce cocon douillet qu'est l'univers de la télé pour la jeunesse.

Je pensais que Kevin m'apporterait cette stabilité et cette liberté qui me faisaient tant rêver.

En revanche, il n'y avait pas grand monde pour se réjouir pour nous. À l'époque j'étais l'une des plus grandes stars de la planète, que cela me plaise ou non, tandis qu'il menait une vie nettement plus discrète. Je devais constamment défendre notre relation.

Nous nous sommes mariés à l'automne de cette même année. Enfin, notre fête de mariage surprise a eu lieu en septembre. Les avocats avaient besoin de temps pour rédiger le contrat de mariage, alors, pour la cérémonie officielle, il a fallu patienter quelques semaines.

People couvrait l'événement. Je portais une robe bustier et les demoiselles d'honneur étaient en bordeaux. Après la cérémonie, j'ai enfilé un jogging rose avec les mots MRS. FEDERLINE imprimés dans le dos. D'ailleurs tout le monde a enfilé son survêtement Juicy Couture, parce qu'on est allés danser en boîte jusqu'à l'aube.

Après mon mariage, et alors que je commençais à penser à fonder une famille, je me permettais de refuser les propositions que je ne sentais pas (comme j'aurais dû refuser la tournée Onyx). Je me suis séparée de mes managers. J'ai posté une lettre à mes fans sur mon site internet pour leur annoncer que j'allais prendre du temps pour moi.

« Ça y est, écrivais-je avec candeur, j'ai enfin appris à dire NON ! Maintenant que j'ai plus de temps libre, j'ai l'impression que les gens ne savent pas à quoi s'attendre avec moi. (…) Désolée si vous avez eu l'impression que c'était le gros bazar dans ma vie, ces deux dernières années… C'était tout à fait le cas ! Je comprends mieux ce qu'on raconte à propos des enfants stars. Bosser, bosser, bosser, je n'ai connu que ça depuis mes quinze ans. (…) Je vous demande de garder à l'esprit que les temps changent, et que moi aussi. »

J'ai annoncé ainsi mon intention de prendre les rênes de ma propre vie. Et ça m'a fait un bien fou.

« Cette fois, les choses vont changer ! » ai-je pensé, tout excitée.

Je ne croyais pas si bien dire.

19

Enceinte, j'adorais deux choses : faire l'amour et manger. Pendant mes deux grossesses, je me suis éclatée sur les deux tableaux.

À part ça, je ne prenais plus plaisir à grand-chose. J'étais devenue une vraie harpie. Franchement, mieux valait ne pas croiser ma route lorsque j'étais enceinte. Je ne supportais aucune compagnie, ou presque. Je détestais tout en bloc. Je ne laissais personne m'approcher, même pas ma mère. J'étais une vraie louve pour mes bébés à naître. À la fois la coqueluche de l'Amérique et son ennemie publique n° 1.

Mes tendances protectrices se sont étendues à Jamie Lynn. Elle s'était plainte d'une fille avec qui elle tournait sa série, alors, un beau jour, j'ai déboulé sur le plateau pour lui dire ma façon de penser. Il faut imaginer le tableau. Moi, enceinte jusqu'aux yeux, en train d'engueuler une ado qui se révélerait innocente :

— C'est toi qui balances des horreurs sur ma sœur ?

Je profite de l'occasion pour lui adresser mes plus plates excuses.

Quand j'étais enceinte, je voulais que tout le monde garde ses distances. « Reculez ! Bébé à bord ! »

C'est vrai, ce qu'on raconte : rien ne vous prépare au miracle de l'enfantement. On fabrique un petit corps ! Telle femme est enceinte, telle autre a accouché : c'est le genre de phrase qu'on prononce sans y penser quand on ne l'a pas vécu. Quand on le vit, c'est bouleversant. Sur le plan spirituel, la grossesse a été une expérience incroyable pour moi – le lien entre la mère et l'enfant est d'une force inouïe.

Depuis toujours, ma mère affirmait qu'il n'y avait pas plus douloureux qu'accoucher. Toute mon enfance, elle m'avait seriné que je lui avais infligé des heures et des heures de travail abominablement douloureux. Je sais que ça varie d'une femme à l'autre. Pour certaines, c'est relativement facile. L'idée d'accoucher par voie basse me terrorisait. Quand le médecin m'a proposé une césarienne, j'ai accepté avec un immense soulagement.

Sean Preston est né le 14 septembre 2005. Dès le début, on voyait que c'était un amour de petit garçon.

Trois mois plus tard, je suis retombée enceinte. J'étais ravie d'avoir deux enfants si proches en âge, pourtant physiquement ça a été rude, et j'ai connu mon lot de tristesse et de solitude à cette période. J'avais l'impression qu'une bonne partie du monde se liguait contre moi.

Je devais constamment déjouer les hordes de paparazzis. Tant que je faisais profil bas, je pensais qu'ils finiraient par se lasser. Hélas ! Que je reste chez moi ou que je tente d'aller faire des courses, ils se débrouillaient pour me pister. Toute la journée, toute la nuit, ils restaient embusqués devant ma porte à attendre que je sorte.

Personne dans les médias n'avait l'air de le comprendre, cependant je n'avais pas besoin qu'on m'enfonce : j'étais déjà bien assez dure envers moi-même. J'avais un côté débridé, je ne vais pas le nier, mais j'ai toujours cherché à plaire à tout le monde. Même quand je touchais le fond, l'avis des gens comptait.

Dans le Sud, on attache beaucoup d'importance à la courtoisie. Aujourd'hui encore, j'appelle toujours les hommes « monsieur » et les femmes « madame », quel que soit leur âge. Me voir traiter avec si peu de considération, avec autant de dégoût, c'était d'une impolitesse confinant à l'injure.

Car évidemment on disséquait mes moindres agissements. Par exemple, le jour où j'ai pris le volant avec mon petit Sean Preston sur les genoux pour échapper aux paparazzis, on s'est empressé de déclarer que j'étais une mère indigne. Les paparazzis m'ont acculée avec le bébé dans un coin du Malibu Country Mart, le centre commercial. Impitoyablement, ils m'ont mitraillée alors que je serrais mon fils contre moi en pleurant, coincée.

Et cette fameuse fois à New York où, enceinte de Jayden James, je cherchais à sortir d'un bâtiment avec Sean Preston dans les bras pour monter dans une voiture quand un essaim de paparazzis m'a encerclée. Pas de chance : on m'a fait savoir que je devais entrer côté circulation. J'ai dû me frayer un chemin parmi une foule de photographes, l'objectif braqué sur moi, scandant « Britney ! Britney ! ». Si vous regardez bien la vidéo de la scène ou les arrêts sur image, vous verrez que je portais non seulement mon fils, mais un verre d'eau. À un moment, je me suis tordu la cheville et j'ai failli tomber. Et j'ai même réussi à retrouver l'équilibre, je n'ai lâché ni mon verre d'eau, ni mon bébé (que la scène, soit dit en passant, ne troublait pas le moins du monde).

— C'est pour ça qu'il me faut un flingue, ai-je lâché face caméra.

Je comprends que cette phrase ait pu faire grincer des dents. Sauf que je ne savais plus à quel saint me vouer.

Les journalistes de la presse à scandale se réjouissaient lorsque sous un cliché ils pouvaient m'affubler d'une légende du style : « Britney Spears aux prises avec l'obésité ! Méconnaissable sans maquillage ! » Comme s'ils dénonçaient là deux péchés capitaux, et qu'en prenant du poids je les avais personnellement trahis. Mais à quel moment avais-je promis d'avoir dix-sept ans toute ma vie ?

20

Quand Sean Preston était tout petit, Kevin a commencé à s'investir plus sérieusement dans sa carrière. Il voulait se faire un nom dans la musique. C'était sa passion. Il passait énormément de temps au studio d'enregistrement – qui est devenu son club-house. Lorsque j'allais le voir, ça sentait l'herbe jusque sur le trottoir. Kevin se défonçait avec ses potes et je ne m'attardais pas : on me faisait comprendre que j'étais de trop.

De toute façon, je ne supportais pas l'odeur du haschisch. Une bouffée suffit à me donner la nausée. En plus, j'avais le petit et j'étais enceinte, je n'avais guère le choix : je rentrais chez moi, où je passais dorénavant le plus clair de mon temps. Je ne m'en plains pas. J'avais une maison incroyable, une vraie maison de rêve. On louait les services d'un chef formidable – et à vrai dire trop cher pour qu'on fasse appel à lui à plein temps –, si doué qu'un jour, en mangeant un de ses plats, j'ai craqué. Sa cuisine était à tomber, accepterait-il de s'installer chez nous ? J'ai conclu en lui déclarant : « Je vous aime trop ! » Et je le pensais. Je l'adorais ! J'étais très reconnaissante envers tous ceux qui nous assistaient dans les tâches du quotidien.

Au sujet de Kevin, j'ai essayé de relativiser. Je voyais bien qu'on s'éloignait l'un de l'autre, mais c'était sans doute le lot d'un tas de couples mariés. Quand l'un des deux faisait preuve d'un peu d'égoïsme, l'autre fermait les yeux. Kevin découvrait tout juste la célébrité, je pouvais bien le laisser en profiter.

Je me répétais des petits mantras pour me rebooster : « Kevin est mon mari. Je suis censée le respecter et lui pardonner certaines choses que je ne pardonnerais peut-être pas à un simple petit ami. C'est le père de mes enfants ! Certes, il ne me traite plus comme avant. Mais ça peut revenir ! Les gens prétendent qu'il va me plaquer avec deux bébés, comme il a plaqué son ex. C'est n'importe quoi. Il ne me fera pas le coup, à moi. »

Bref, je lui cherchais des excuses. Il était évident qu'il s'apprêtait à me quitter, je faisais l'autruche. Complètement dans le déni, donc, j'ai pris l'avion pour le rejoindre à New York, estimant que nous avions besoin de passer du temps ensemble. Sur place, je nous ai pris une chambre dans un bel hôtel, toute contente de retrouver mon mari.

Sauf qu'il a refusé de me voir. C'était comme si je n'existais pas.

Son manager, qui avait fait partie de mon équipe pendant des années, m'a tourné le dos, lui aussi. Il était désormais dans le camp de Kevin, et ils ne voulaient plus entendre parler de moi.

Les bras m'en sont tombés.

Je cherchais surtout des explications auprès de Kevin. Il m'avait enlacée, embrassée avant son départ. Je n'y comprenais plus rien. S'était-il passé quelque chose depuis ?

Il y avait clairement de l'eau dans le gaz. Et quand Kevin a commencé à s'attirer l'attention des médias, cela ne s'est pas arrangé. Il a pris le melon. Un soir, il est rentré tard en m'annonçant qu'il revenait d'une soirée : « Il y avait Justin Timberlake ! Et même Lindsay Lohan ! » Qu'est-ce que ça pouvait me faire ? Les fêtes de ce genre, j'en avais depuis longtemps fait le tour. Je connaissais certaines des célébrités qu'il me citait depuis bien avant ma rencontre avec lui ! Quant à Justin, Kevin ignorait-il ce qu'il m'avait fait subir ? Je bouillonnais. Mais j'ai tenu ma langue.

Mon mari était ivre de gloire et de pouvoir. Au cours de ma vie, j'ai vu l'argent et la renommée bousiller un tas de gens. D'après mon expérience, la célébrité, ce n'est bon pour personne, surtout pas pour les hommes. Ils aiment trop ça. Et ça les consume. Avec Kevin, je voyais le phénomène se produire en direct.

Certaines stars gèrent bien leur notoriété, avec le recul nécessaire. Elles savent quels conseils écouter, quelles opinions ignorer. Bien sûr, ça ne leur déplaît pas qu'on les admire, mais ça ne vire pas à l'obsession. C'est chouette de recevoir des récompenses, et au début – les deux premières années durant lesquelles vous devenez célèbre – la sensation est indescriptible.

Certaines personnes savent très bien gérer la célébrité. Ce n'est pas mon cas. Les deux ou trois premières années, je m'en sortais très bien, ça allait, mais était-ce ma véritable personnalité ? À l'école, je jouais au basket. Je n'étais pas pom-pom girl, je n'avais pas envie de me mettre en avant. Je jouais au ballon. C'est ça qui me plaisait.

Mais la célébrité ? C'est un monde de pacotille, les amis. C'est. Du. Bidon. Évidemment, on joue le jeu parce que ça paie les factures et tout le tintouin. Pourtant, dans mon cas, ce qui fait le sel de la vie me manquait. Je pense que c'est pour ça que j'ai voulu avoir des enfants.

J'étais vraiment ravie de recevoir des prix et de profiter de tout ce qu'on associe à la notoriété. Seulement pour moi, c'est du vent. Ce que j'aime, c'est la sueur qui dégouline durant les répétitions, ou simplement jouer avec un ballon et tenter un panier. J'aime travailler. J'aime faire de l'exercice. C'est plus authentique et cela compte plus pour moi que tout le reste.

À vrai dire, j'envie les gens qui savent tourner la notoriété à leur avantage, parce que je m'en tiens à l'écart. Cela me rend extrêmement timide. Jennifer Lopez, par exemple, a toujours su éviter ces écueils.

Elle se prête au jeu quand il faut, mais elle sait aussi dire stop. Sa conduite est irréprochable en toutes circonstances et elle n'a jamais renoncé à sa dignité.

Kevin n'était pas fait du même bois. J'avoue que ce n'est pas mon fort, à moi non plus. Je suis trop nerveuse, sans doute. En vieillissant, je fuis la plupart des marques d'attention, probablement parce que j'ai été vraiment blessée.

Nos retrouvailles ratées à New York auraient dû me mettre la puce à l'oreille : entre Kevin et moi, c'était irrémédiablement fini. Pourtant, j'espérais encore recoller les morceaux. Quand Kevin est allé poursuivre son travail à Las Vegas, j'ai embarqué Sean Preston et je l'y ai suivi. Il fallait qu'on se parle.

Quand je l'ai retrouvé, il s'était rasé le crâne en vue du shooting de la pochette de son album. Il passait tout son temps en studio, il se prenait vraiment pour un rappeur, désormais. Je ne pouvais que l'encourager, car il prenait sa carrière très au sérieux.

Étant donné la situation, j'étais disposée à faire preuve de compréhension. Kevin essayait de percer dans la musique et pas grand monde n'était prêt à miser sur lui. J'étais passée par là. Ça fait peur de se lancer. Il faut vraiment croire en soi et rester sourd aux mauvaises langues. J'aurais cependant apprécié que Kevin prenne de nos nouvelles et passe un peu de temps avec moi. Notre couple et nos enfants, ça représentait tout à mes yeux. J'avais porté longtemps ses bébés dans mon ventre et fait de nombreux sacrifices. J'avais pour ainsi dire renoncé à ma carrière. Et tout ça pour préserver notre vie de famille.

J'ai confié Sean Preston à une nounou et je me suis présentée au studio. Une fois de plus, on m'a fait savoir que Kevin ne voulait pas me voir. Il a déclaré, depuis, que c'était un mensonge, qu'il n'aurait jamais fait une chose pareille. Moi, je m'en tiens à ce que j'ai vécu – à savoir que des agents de sécurité qui avaient autrefois travaillé pour moi, à mon domicile, m'ont empêchée d'entrer. Visiblement, ils s'étaient tous passé le mot pour me rembarrer.

En collant le nez à une vitre, j'ai pu voir une bande de jeunes en train de s'éclater. Le studio avait été transformé en night-club. Kevin et les acteurs se défonçaient, ravis.

J'ai contemplé la scène sans qu'ils s'aperçoivent de ma présence. Je fulminais. Puis j'ai dit au garde du corps « OK, super », j'ai tourné les talons et je suis rentrée à l'hôtel.

C'est là que je me trouvais, effondrée, lorsqu'on a frappé à ma porte.

Je suis tombée nez à nez avec Jason Trawick, un vieil ami de mon frère. Il était au courant de la situation.

— Comment tu te sens ? m'a-t-il demandé.

Il n'avait pas l'air de poser la question par politesse. À quand remontait la dernière fois qu'on s'était intéressé à mon bien-être, sans arrière-pensée ?

21

Le 12 septembre 2006, juste avant le premier anniversaire de Sean Preston, Jayden James est arrivé. Et déjà, c'était un gamin très joyeux.

Après la naissance des garçons, je me sentais tellement légère ! Comme un oiseau, comme une plume – j'aurais pu m'envoler. Je me sentais hyper bien dans ma peau, presque comme si j'avais retrouvé le corps de mes treize ans. Je n'avais enfin plus de ventre !

Une amie est passée me voir.

— Waouh ! s'est-elle exclamée. T'es toute mince !

— J'ai été enceinte deux ans d'affilée, lui ai-je rappelé.

J'étais comme métamorphosée. Je ne me reconnaissais plus.

Je rentrais de nouveau dans mes fringues. Les tenues que j'essayais tombaient bien. J'aimais de nouveau les vêtements ! Je n'en revenais pas d'avoir retrouvé mon corps ! C'était une vraie révélation.

J'avais tellement aimé sentir ces bébés bien à l'abri en moi qu'après leur venue au monde, j'ai fait une petite déprime. Ils me semblaient si vulnérables dans cette jungle peuplée de paparazzis sans scrupules et de marchands de scandales. J'aurais voulu les remettre en sécurité dans mon ventre.

« Pourquoi Britney cache-t-elle Jayden ? » a-t-on pu lire en couverture d'un magazine. Kevin et moi, nous dissimulions plus facilement nos enfants aux regards indiscrets. Alors les gens spéculaient sur la raison pour laquelle aucune photo de Jayden n'avait paru dans la presse. S'ils avaient réfléchi deux secondes, ils se seraient rendu compte que l'explication était toute simple ! Mais personne ne se posait réellement la question. Comme si je pouvais autoriser les types qui vivaient de clichés peu flatteurs de moi à photographier mes bébés.

Après chacun de mes accouchements, je me postais à la fenêtre pour compter les voitures de paparazzis sur le parking en contrebas. Leur foule grossissait à vue d'œil. Ils étaient si nombreux ! Et appâtés par mes bébés. Il y avait beaucoup d'argent en jeu, pour eux. Ils devaient immortaliser mes enfants à tout prix. J'en avais froid dans le dos.

Mes fils étaient si petits. C'était mon devoir de les protéger. Je craignais que les cris et les flashs ne les effraient. Avec Kevin, on était obligés de ruser, de les cacher sous des couvertures tout en veillant à ce qu'ils ne s'étouffent pas. Moi, couverture ou pas, je suffoquais.

Cette année-là, je ne courais vraiment pas après les interviews, pourtant j'en ai accordé une à Matt Lauer pour l'émission *Dateline*. Il m'a appris que les gens se posaient des questions à mon sujet : « Britney est-elle une mauvaise mère ? » Sans jamais préciser de qui il s'agissait, bien sûr. Visiblement, tout le monde était concerné. Puis il m'a demandé ce qu'il en coûterait pour que les paparazzis me fichent enfin la paix. J'aurais payé cher pour le savoir ! J'aurais accédé à leurs conditions, quelles qu'elles soient.

Par chance, ma maison était un vrai havre de paix. Mon couple battait de l'aile, mais, Kevin et moi, on s'était fait construire une maison incroyable à Los Angeles, juste à côté de celle de Mel Gibson. Sandy de *Grease* habitait dans le coin, elle aussi. Quand je la voyais, je la saluais comme ça :

— Salut, Olivia Newton-John ! Comment ça va, Olivia Newton-John ?

À nos yeux, c'était une maison de rêve. Il y avait un toboggan qui atterrissait dans la piscine, un bac à sable rempli de jouets pour que les enfants puissent faire des pâtés, une petite cabane avec terrasse, escalier et échelle miniature… Et on a fait faire un tas de travaux d'aménagement.

Comme le parquet ne me plaisait pas, j'ai fait poser du marbre partout. Du marbre blanc, évidemment. L'architecte d'intérieur y était fermement opposé.

— Des sols en marbre, c'est super glissant, et c'est dur, en cas de chute…

— J'ai demandé du marbre ! Il me *faut* du marbre.

C'était ma maison, mon nid. Carrément magnifique. Pourtant, je crois que c'est à ce moment-là que j'ai compris que je déraillais.

J'avais eu deux enfants coup sur coup : je devais avoir les hormones en pagaille. Et c'était une sacrée pression pour moi : je voulais leur offrir la maison parfaite. Il n'empêche que j'étais devenue odieuse et hyper autoritaire. Avec le recul, j'ai un peu honte. Messieurs les ouvriers du bâtiment, je vous présente mes excuses. Je prenais les choses bien trop à cœur.

J'ai fait venir un artiste pour qu'il décore les chambres des garçons : il a réalisé des fresques monumentales représentant des bambins gambadant sur la lune. J'étais à fond.

Avoir des enfants et les élever dans le plus grand confort, c'était mon rêve. Ils étaient tellement beaux, tellement parfaits à mes yeux, ils incarnaient tout ce dont j'avais toujours rêvé. Je voulais leur offrir la terre entière. Mieux : tout le système solaire.

Je me suis doutée que je les couvais un peu trop quand j'ai refusé de laisser ma mère tenir Jayden dans ses bras avant ses deux mois. Et même après, je refusais qu'elle le porte plus de cinq minutes ! J'avais toujours besoin de sentir mon bébé contre moi. Ce qui est excessif, j'en ai pris conscience entre-temps. J'étais trop dans le contrôle.

Je crois que je revivais l'histoire de Benjamin Button, comme après ma rupture avec Justin. Ça avait commencé à l'instant où j'avais posé les yeux sur eux. Je vieillissais à rebours. Dans mon nouveau rôle de maman, une partie de moi devenait le bébé. J'étais donc un mélange de cette femme à moitié hystérique qui réclamait du marbre blanc et de gamine.

Les enfants, en un sens, ça fait grandir. Ça rend indulgent. Ils sont là, innocents, totalement dépendants de vous. À leur contact, on se souvient que tout le monde a été un jour un bébé infiniment fragile et démuni. D'un autre côté, ça a été très compliqué pour moi sur le plan psychologique. J'avais déjà vécu cela à la naissance de Jamie Lynn. Je débordais tellement d'amour et d'empathie qu'inexplicablement je suis devenue elle. Quand elle a eu trois ans, une part de moi n'en avait guère plus.

Il paraît que ça arrive parfois aux parents, surtout quand ils ont vécu, petits, des événements traumatisants. Lorsque nos enfants atteignent l'âge qu'on avait à l'époque de ces événements, on les revit émotionnellement.

Malheureusement, on ne parlait pas aussi librement qu'aujourd'hui des questions de santé mentale. S'il y a parmi mes lecteurs des jeunes mamans en souffrance, j'espère qu'elles se feront aider sans tarder et qu'elles trouveront un meilleur exutoire à leurs émotions que mes sols en marbre blanc ! Car je sais depuis que je présentais tous les symptômes de la dépression post-natale : tristesse, angoisse, fatigue anormale… Ajoutons à cela les pertes de repères que j'ai évoquées ainsi que mon obsession pour la sécurité des garçons, qui s'emballait dès qu'on se trouvait sous le feu des paparazzis. Devenir maman est assez difficile comme ça. Alors, quand en plus on est sous surveillance permanente…

Comme Kevin était très souvent absent, personne ne me voyait partir en vrille. Personne, hormis tous les paparazzis des États-Unis.

22

J'ai passé les premiers mois de la vie de Jayden dans un brouillard. Je me souviens que j'ai pris un chien. Felicia entrait et sortait de ma vie.

Pendant ma deuxième grossesse, je m'étais teint les cheveux en noir. En m'efforçant de leur redonner leur blond d'origine, je les ai rendus violets. Une coiffeuse a dû tout reprendre à zéro, mèche à mèche, pour rattraper le coup. Il a fallu des siècles pour que ma chevelure reprenne une nuance crédible de châtain. Or, à cette époque, ma vie tout entière était à l'image de cette mésaventure capillaire. Le moins qu'on puisse dire, c'est qu'elle était chaotique : ma rupture avec Justin, le fiasco de la tournée Onyx, mon mariage avec un type que personne n'aimait, et enfin mes efforts dérisoires pour être une bonne mère alors que mon couple battait de l'aile.

En studio, en revanche, je me sentais toujours épanouie et pleine d'énergie créatrice. Durant l'enregistrement de *Blackout*, je goûtais un vrai sentiment de liberté. Les producteurs étaient géniaux, ils me laissaient unc grande marge de manœuvre, et je dois dire que je m'éclatais. Un producteur du nom de Nate Hills, alias Danja, préférait la *dance* et l'électro à la pop ; il m'a fait découvrir de nouveaux sons et, grâce à lui, j'ai appris à jouer différemment avec ma voix.

Surtout, on ne se prenait pas trop la tête, je disais franchement ce qui me plaisait ou pas, et ça, c'était génial. J'avais des avis très tranchés ! Les propositions qu'on me soumettait étaient, dans l'ensemble, très enthousiasmantes. En gros, j'arrivais au studio, on me faisait écouter du super son, puis c'était à moi de jouer. Le rêve ! Malgré la mauvaise réputation qui me collait à la peau, lors de ces séances j'étais une bosseuse, sérieuse et passionnée.

C'était tout ce qui se tramait en dehors qui me pourrissait la vie.

Les paparazzis ne me laissaient aucun répit. Une vraie armée de zombies cherchant à envahir le bâtiment. Ils essayaient d'escalader les murs pour prendre des photos par les fenêtres. Mes arrivées et mes départs relevaient de l'opération militaire. Honnêtement, c'était terrifiant.

Heureusement, je pouvais compter sur certains alliés. Teresa LaBarbera Whites, mon A&R, directrice artistique, était maman, elle aussi, et elle m'aidait de son mieux. Elle a fait installer une balançoire pour bébé dans l'un de nos studios, ce qui m'a énormément touchée.

Cet album, c'était une sorte de cri de bataille. J'avais passé des années à être méticuleuse, à me décarcasser pour plaire à mes parents. Le moment était venu pour moi de dire merde à tout ça, tout simplement. J'ai radicalement changé ma façon de travailler. Je me suis mise à réaliser mes propres clips, dans la rue. J'allais dans des bars avec une amie, et elle me filmait, caméra à l'épaule. C'est comme ça qu'est né celui de « Gimme More ».

Attention, je ne dis pas que j'en suis fière. C'est de loin le pire que j'aie tourné de toute ma carrière ! Je ne l'aime pas du tout, il est même franchement de mauvais goût. Il donne l'impression qu'on n'avait que trois mille dollars de budget. N'empêche qu'il faisait le job. Et, plus je mettais la main à la pâte, plus j'attirais l'attention de gens intéressants et les propositions de collaboration. Rien que par le bouche-à-oreille, et plus ou moins par hasard, j'ai rencontré comme ça des personnes formidables.

Blackout a été l'un de mes albums les plus faciles et les plus satisfaisants à réaliser. Il s'est fait très rapidement. J'entrais, je restais une demi-heure et je repartais. Ce n'était pas un choix, d'ailleurs : il fallait faire vite. Si je m'attardais trop longtemps quelque part, les paparazzis se multipliaient dehors et je finissais comme Pac-man encerclée par les fantômes. Mon mécanisme de survie consistait à ne passer qu'en coup de vent pour qu'on n'ait pas le temps de me localiser.

Quand j'ai enregistré « Hot as Ice », six colosses m'écoutaient dans un silence religieux. Ça reste certainement l'un des moments les plus forts de ma vie sur le plan spirituel ! Je n'étais encore jamais montée si haut dans les aigus. J'ai repris la chanson deux fois et je suis repartie. Ça me venait tout seul, sans effort.

Si l'enregistrement de *Blackout* était un vrai plaisir, côté vie privée, c'était plutôt la descente aux enfers. En un clin d'œil, tout a dégénéré. Pour encaisser, il m'aurait fallu bien plus d'amour-propre et d'estime de moi que je n'en possédais alors. Ça n'en était pas moins une période géniale sur le plan artistique. En un sens, cette phase difficile m'a fait progresser.

L'album *Blackout* a été un vrai kif pour moi. J'ai pu travailler dans les meilleurs studios. C'était une période vraiment folle.

Malheureusement, quand ça va mal à la maison, c'est dur de garder le cap, tout finit par se détériorer. Je déplore que les choses aient si mal tourné dans mon couple. Pourtant, je reste très fière de cet album. De nombreux artistes affirment qu'il les a influencés et mes fans me disent souvent que c'est leur préféré.

Pendant ce temps, Kevin enchaînait les interviews, à croire qu'il venait de réaliser un grand chelem dans les World Series. Je ne le reconnaissais plus. Puis on lui a proposé un rôle dans une publicité pour Nationwide qui devait être diffusée à l'occasion du Super Bowl. La pub en question le tournait en dérision (il jouait un employé de fast-food qui rêvait de devenir une star), enfin c'est un détail. Après que Kevin a décroché ce contrat, je ne l'ai pratiquement plus revu. Il faut croire qu'il était devenu trop bien pour s'abaisser à me parler.

Il criait sur tous les toits qu'être père était le rôle de sa vie, ce qu'il préférait au monde. On n'aurait pas cru. La triste vérité, c'est qu'il n'était pas souvent là.

23

Quand on s'est mariés, avec Kevin, j'y croyais de tout mon cœur. Sur mes photos de mariage, ça ne fait aucun doute : j'étais folle amoureuse de lui et j'étais prête à entamer une nouvelle phase de ma vie. Je désirais avoir des enfants avec cet homme et fonder un foyer avec lui. J'avais envie qu'on vieillisse ensemble.

Mon avocat m'a annoncé que si je ne demandais pas le divorce, Kevin le ferait de toute façon. Dans mon souvenir, Kevin avait beau vouloir lancer cette procédure, il se sentait quand même un peu coupable. Il avait compris que si j'étais à l'initiative de la demande, il aurait le beau rôle dans l'histoire. On m'a fait croire qu'il valait mieux que je le devance, pour m'épargner l'humiliation.

Comme je craignais de me retrouver dans une situation embarrassante, j'ai entamé la procédure début novembre 2006, alors que Jayden n'avait même pas deux mois. Kevin et moi avons tous les deux réclamé la garde exclusive des garçons. Ce que je n'avais pas envisagé, c'est que Kevin exigerait que je règle ses frais d'avocat. Et comme, du point de vue juridique, c'est moi qui demandais le divorce, la presse allait me tenir responsable d'avoir brisé ma jeune famille.

La couverture médiatique de l'affaire était effrayante. Ça a probablement été une bonne chose pour l'album de Kevin, sorti une semaine avant l'annonce de notre divorce, mais moi, j'ai été traînée dans la boue. Et si quelques personnes ont tenté de me soutenir dans les médias, elles s'y sont mal prises en manifestant souvent une certaine cruauté à l'égard de Kevin, ce qui ne me rendait pas service.

Plus tard ce même mois, j'ai dû remettre un prix aux American Music Awards. Je m'apprêtais à entrer en scène quand Jimmy Kimmel a commencé un sketch au sujet de Kevin, « la toute première star de l'histoire de la musique à n'avoir jamais fait le moindre tube ». Puis ils ont enfermé un sosie de Kevin dans un caisson, ils l'ont posé sur un camion et l'ont jeté à l'eau !

Il s'agissait tout de même du père de mes deux enfants. Ce déchaînement de violence envers lui m'a perturbée. Le public était hilare. Personne ne m'avait prévenue de ce sketch, on m'a mise devant le fait accompli. Je suis montée sur scène, j'ai remis son prix à Mary J. Blige, puis je suis retournée en coulisses où j'ai clairement fait savoir qu'on m'avait manipulée et que j'étais furieuse. D'autant que voir mon ex-mari traité de cette façon ne m'aidait pas vraiment au moment où on se disputait la garde des enfants.

Si l'annonce de notre divorce paraissait réjouir tout le monde ou presque, moi, je n'étais pas d'humeur à faire la fête.

***

Quand j'y repense, il est clair que Justin et Kevin ont tous les deux joué finement : ils savaient très bien ce qu'ils faisaient, et je me suis fait avoir.

C'est tout le problème avec le show-biz – on ne m'en a jamais expliqué les codes. Je ne savais pas comment me présenter, ni comment m'habiller correctement, et c'est toujours le cas aujourd'hui, j'en suis consciente. Mais j'y travaille, je fais de mon mieux. Et si je reconnais mes faiblesses, je sais qu'au fond je suis quelqu'un de bien. Aujourd'hui, je comprends qu'à ce jeu-là on a intérêt à se montrer rusé, retors, et même brutal. Mais à l'époque je ne maîtrisais pas ces règles. J'étais vraiment naïve… et ignorante. J'étais depuis peu une mère célibataire avec deux enfants en bas âge – j'avais autre chose à faire que de me recoiffer avant de traverser une foule de photographes.

J'étais jeune, et donc j'ai commis pas mal d'erreurs. Mais j'insiste : je n'étais pas une manipulatrice. J'étais tout simplement bête.

Avant ça, je faisais confiance aux autres, ce que Justin et Kevin ont réussi à anéantir. Après ma rupture avec Justin, puis mon divorce, je n'ai plus été capable de faire confiance à qui que ce soit.

24

Paris Hilton fait partie des rares personnes à m'avoir témoigné de l'affection quand j'en avais cruellement besoin. Une grande partie des Américains la critiquaient parce qu'elle passait l'essentiel de son temps à faire la fête, mais moi je trouvais qu'elle avait beaucoup de classe – elle a une façon bien à elle de poser sur le tapis rouge et de froncer les sourcils quand quelqu'un lui lance une méchanceté.

Quand elle a vu que j'avais deux bébés et que je souffrais de la rupture, je pense qu'elle était sincèrement navrée pour moi. Elle est venue à ma rencontre et m'a beaucoup aidée. Elle a été tellement sympa avec moi que je n'en reviens toujours pas. En dehors de cette soirée à Las Vegas avec Jason Trawick, personne n'avait été aussi gentil avec moi depuis longtemps. On a commencé à pas mal se fréquenter, et c'est Paris qui m'a encouragée à sortir pour que je m'amuse un peu. Ce que je ne faisais plus depuis longtemps.

C'est avec Paris que j'ai traversé ma période festive. Mais une chose est sûre, ça n'a jamais été aussi extravagant que les médias ont voulu le faire croire. À une époque, je ne sortais pas du tout.

Un soir, après avoir confié mes enfants à des gens compétents, je me suis permis de sortir quelques heures. Je suis rentrée tard et, comme beaucoup de filles de vingt ans, j'avais bu. Et on s'est empressé de dire que j'étais la pire mère qui soit. La presse à scandale se répandait en accusations : Quelle traînée ! Elle prend de la drogue !

Je n'ai jamais eu le moindre problème avec l'alcool. J'aimais bien boire un verre de temps à autre, mais j'ai toujours su maîtriser ma consommation. Et hormis la boisson, je n'ai jamais rien pris à l'exception de l'Adderall, une amphétamine qu'on prescrit aux enfants qui souffrent du trouble du déficit de l'attention. Certes il m'est arrivé de planer sous Adderall, mais ce qui me plaisait le plus, c'est que je me sentais moins déprimée pendant quelques heures. C'est le seul antidépresseur qui semblait fonctionner pour moi, et j'avais vraiment besoin d'en prendre.

Les drogues dures ne m'ont jamais attirée. Dans le monde de la musique, plein de gens en consomment, mais ce n'était pas pour moi. Là où j'ai grandi, on avait surtout l'habitude de boire de la bière. Encore aujourd'hui, je n'apprécie pas les grands crus qui me brûlent la gorge. Et je n'ai jamais aimé fumer des joints non plus, en dehors de cette soirée à New York quand j'ai cassé mon talon. Si je me retrouve à planer malgré moi parce que des gens fument à proximité, je me sens toute molle et ça m'abrutit. Je déteste ça.

Si vous voulez savoir ce qu'on a fait, Paris et moi, au cours de cette fameuse soirée avec Lindsay Lohan dont on a fait tout un plat, vous risquez d'être déçus. En effet, on a bu… et c'est tout ! On séjournait dans une maison au bord de la mer, et ma mère gardait les enfants, alors je suis sortie avec Paris. On était excitées comme des puces, on a bu quelques verres et on s'est bien amusées. Ça m'a fait un bien fou de passer une soirée entre copines et de laisser retomber un peu la pression. Quoi de mal à ça ?

Une fois, en fin de soirée, je suis rentrée à la maison un peu éméchée, encore toute joyeuse de ma virée nocturne. Ma mère m'attendait de pied ferme. À mon retour, on a eu une énorme dispute, et elle m'a hurlé dessus parce que j'avais trop bu. Elle n'avait pas tort, mais à ma connaissance, cela ne violait aucune règle sacrée dans notre famille. Et si, ce soir-là, je lui avais demandé de garder les enfants, c'était précisément pour pouvoir sortir de façon responsable, avec l'assurance que mes enfants ne me verraient pas ivre.

La honte que j'ai alors ressentie m'a transpercé le cœur. Face à elle, mal à l'aise, j'ai compris que je n'avais plus le droit de m'amuser.

Ma mère m'a toujours laissé entendre que mon comportement était inacceptable ou que j'étais coupable de quelque chose, moi qui ai travaillé si dur pour réussir. Mes parents m'ont toujours considérée comme une ratée. Cette dispute a marqué un tournant dans ma relation avec ma mère. Je n'ai jamais réussi à faire en sorte qu'on se rabiboche. Il y a bien eu quelques tentatives, mais ça n'a jamais vraiment pris.

J'avais beau avoir un nombre incalculable de fans dans le monde, aux yeux de mes parents, je ne valais rien. Je ne comprends pas qu'on puisse traiter sa fille ainsi, alors qu'elle est en plein divorce, seule, et en perte de repères.

Ce n'est déjà pas gentil en soi de malmener quelqu'un qui traverse une période difficile, mais ça l'est encore moins quand cette personne n'a plus la force de rendre les coups. Quand je me suis mise à répliquer – de leur côté, mes parents étaient loin d'être parfaits –, ça ne leur a pas plu. Et ils ont continué à exercer leur emprise émotionnelle sur moi.

25

Tout ce qu'on raconte au sujet de la parentalité s'est vérifié dans mon cas. Mes garçons ont donné du sens à ma vie. L'amour absolu que j'ai ressenti instantanément pour ces deux adorables bambins m'a profondément bouleversée.

Pourtant, devenir mère, alors que j'étais soumise à une telle pression à la maison et en dehors, a été infiniment plus dur que ce à quoi je m'attendais.

Loin de mes amis, j'ai commencé à perdre pied. Je sais que, dans ces moments-là, on est censé se concentrer sur son rôle de mère, mais j'avais du mal à me poser pour jouer avec mes enfants tous les jours, à leur donner la priorité. J'étais un peu désorientée. J'avais été observée toute ma vie, de toute part. Je ne savais ni où aller ni quoi faire. Devais-je rentrer en Louisiane, emménager dans une forteresse et m'y cacher ?

Je comprends aujourd'hui, mais je ne le pouvais pas à l'époque, qu'on m'avait privée de tout ce qui constitue une vie normale : sortir en public sans faire la une des journaux, commettre des erreurs comme n'importe quelle maman, pouvoir faire confiance à mon entourage. Je n'avais aucune liberté, et pas plus de sécurité. Alors que, comme je l'ai appris par la suite, je souffrais de dépression post-natale. J'avais l'impression de ne plus savoir comment vivre, et je risquais de ne plus y arriver, si la situation ne s'améliorait pas.

Tout le monde avait le droit de mener son existence comme il l'entendait, sauf moi ! On m'observait sous toutes les coutures. Justin et Kevin pouvaient coucher avec qui bon leur semblait et fumer autant de joints qu'ils le souhaitaient, personne n'y trouvait à redire. Moi, il a suffi que je rentre chez moi après une soirée arrosée pour que ma mère me démolisse. J'ai commencé à avoir peur d'entreprendre quoi que ce soit. Mes parents me paralysaient.

Alors je fréquentais des gens capables de faire tampon entre eux et moi – en particulier ceux avec qui je sortais faire la fête pour échapper un temps à leur surveillance. Aujourd'hui, je me rends compte que ces personnes n'étaient pas forcément très recommandables, mais à ce moment-là j'avais besoin de tous ceux qui étaient prêts à m'aider pour éloigner mes parents.

Dans le cadre de ses engagements pour obtenir la garde exclusive des enfants, Kevin a essayé de convaincre tout le monde que j'étais hors de contrôle et qu'on ne devrait plus me les confier. Plus du tout.

Sur le moment, j'ai pensé que c'était une blague, qu'il avait dit ça uniquement pour les tabloïds. Dans les articles sur les conflits au sein des couples célèbres, on ne sait jamais ce qui relève du vrai ou du faux. Moi, je me dis toujours que ce qu'on y raconte fait partie d'une stratégie distillée aux journaux, visant à faire gagner des points à l'une ou l'autre partie.

Alors quand il m'a pris les garçons, je pensais qu'il allait me les ramener. Non seulement il ne l'a pas fait, mais il s'est arrangé pour m'empêcher de les voir pendant plusieurs semaines.

En janvier 2007, ma tante Sandra est décédée des suites d'un cancer des ovaires contre lequel elle se battait depuis longtemps. Sandra a été comme une seconde mère pour moi. Je n'ai jamais autant pleuré qu'à ses obsèques.

Je ne m'imaginais pas reprendre le travail. Aussi, quand un célèbre réalisateur m'a appelée pour me proposer un rôle – « Un rôle vraiment noir, j'ai pensé à toi » –, j'ai refusé. Ça ne me paraissait pas sain sur le plan émotionnel. Mais je me demande si, inconsciemment, je ne me suis pas identifiée à ce personnage.

Depuis longtemps, je sentais que des nuages noirs s'amoncelaient au-dessus de ma tête. Pourtant, j'essayais de préserver les apparences et de faire tout ce qu'on attendait de moi – je restais gentille et mignonne. Mais à ce stade de ma vie, la couche de vernis était tellement abîmée qu'il n'en restait plus rien. Je n'étais plus qu'un nerf à vif.

***

En février, alors que je n'avais pas vu mes fils depuis des semaines, j'étais tellement désespérée que je suis allée supplier Kevin de me permettre de les voir. Il ne m'a même pas laissée entrer chez lui. Jayden James n'avait que cinq mois, et Sean Preston, dix-sept. Ils devaient se demander où était passée leur maman et pourquoi elle n'était pas à leurs côtés. J'ai eu envie d'enfoncer la porte pour aller les retrouver. J'étais absolument dévastée.

Les paparazzis ont assisté à toute la scène. Comment décrire l'humiliation que j'ai ressentie ce jour-là ? J'étais acculée. J'étais sortie de chez moi, pourchassée, comme d'habitude, par ces photographes qui guettaient l'occasion de prendre une bonne photo.

Alors ce soir-là, je leur en ai donné pour leur argent.

Je me suis rendue dans un salon de coiffure, j'ai attrapé une tondeuse et je me suis rasé le crâne.

Tout le monde a trouvé ça hilarant. « Regardez-moi ça : elle est folle à lier ! » Même mes parents ont eu l'air gênés par mon comportement. Mais personne ne semblait comprendre que j'étais folle de chagrin parce qu'on m'avait pris mes enfants.

Avec la boule à zéro, tout le monde avait peur de moi, y compris ma mère. Plus personne ne voulait me parler parce que j'étais trop moche.

Je savais que mes cheveux longs étaient ce qui plaisait le plus chez moi. Beaucoup d'hommes en raffolaient.

Me raser la tête était un moyen de hurler à la terre entière : « *Fuck you !* Vous avez envie que je me fasse belle pour vous ? *Fuck you !* Vous avez envie que je vous donne le meilleur de moi-même ? *Fuck you !* Vous avez envie que j'incarne la fille de vos rêves ? *Fuck you !* »

Pendant des années, j'ai été une gentille petite fille. Je souriais poliment aux animateurs télé qui reluquaient mes seins, tandis que des parents prétendaient que j'avais une mauvaise influence sur leurs enfants à cause de mes tenues, que des patrons de maisons de disques mielleux contestaient mes décisions artistiques malgré mes millions de disques vendus, et que ma famille se comportait comme si j'étais le diable. Et j'en avais marre.

Mais ça m'était bien égal. Ma seule obsession, c'était de voir mes garçons. Rien que de compter les heures, les jours, les semaines que je passais sans les voir, je devenais folle. Les siestes avec mes enfants étaient les plus beaux moments de mon existence. Je ne me suis jamais sentie aussi proche de Dieu que lorsque je me reposais avec mes bébés adorés, que je respirais leurs cheveux et que je leur tenais la main.

Je suis sûre que beaucoup de femmes comprendront ma colère. Une amie m'a dit un jour que si quelqu'un lui prenait son bébé, elle ne se contenterait pas de se raser la tête, elle mettrait la ville à feu et à sang !

26

Privée de mes enfants pendant des semaines, je n'arrêtais pas de tourner en rond, je perdais un peu plus la tête chaque jour. Je n'étais plus capable de prendre soin de moi. À cause du divorce, j'ai dû quitter cette maison que j'aimais tant et j'habitais désormais dans un banal cottage de style anglais à Beverly Hills. Les paparazzis continuaient de m'assaillir avec encore plus d'acharnement qu'avant. Ils ressemblaient à des requins à l'affût de la moindre goutte de sang.

Quand je me suis rasé la tête, pour moi ça ressemblait presque à un rituel religieux. Je me contentais d'exister.

Au cas où je sortirais de chez moi, j'avais prévu sept perruques, toutes avec une coupe au carré. Mais comme on ne me laissait pas voir mes enfants, je n'avais envie de voir personne.

Quelques jours après m'être rasé la tête, ma cousine Alli m'a accompagnée chez Kevin en voiture. J'ai eu la naïveté de croire que les paparazzis ne me suivraient pas cette fois-là. Hélas, un des photographes a été prévenu, et s'est fait accompagner d'un de ses acolytes.

Ils ont profité de notre arrêt dans une station-service pour m'accoster. Ils n'ont pas arrêté de me photographier au flash avec un immense objectif à travers la vitre alors que j'étais installée sur le siège passager, le cœur en miettes, à attendre le retour d'Alli. Curieusement, l'un des deux a voulu savoir comment j'allais et a prétendu s'inquiéter pour moi.

Lorsqu'on est arrivées chez Kevin, les deux paparazzis nous avaient suivies. Ils étaient donc présents quand, une fois de plus, on m'a refusé l'accès à son domicile. Alors que la seule chose que je voulais, c'était voir mes enfants.

Une fois reparties, Alli s'est arrêtée un peu plus loin pour qu'on réfléchisse à la suite. C'est à ce moment-là que le type qui filmait est revenu à la charge avec un air méchant :

— Voilà ce que je vais faire, Britney. Je vais simplement vous poser quelques questions, rien de plus.

Il ne me demandait même pas l'autorisation !

— Et puis je vous ficherai la paix, a-t-il conclu.

Alli a commencé à les supplier de s'en aller, comme si elle les implorait de ne pas nous tuer. Elle a eu beau rester polie, ils ont insisté. Je me suis mise à hurler.

Ils étaient ravis que je réagisse enfin. Mais le premier refusait de partir tant qu'il n'aurait pas obtenu ce qu'il voulait. Avec un petit sourire en coin, il continuait à me poser les mêmes questions atroces, dans le but de déclencher une nouvelle réaction de ma part. Sa médiocrité et son absence d'humanité étaient perceptibles.

Je traversais l'un des pires moments de mon existence, et ce type se fichait éperdument de me traiter en être humain et de me laisser en paix. Il ne cessait de revenir à la charge en me demandant sans arrêt ce que ça me faisait de ne plus voir mes enfants. Ça avait l'air de l'amuser.

C'est à ce moment-là que j'ai craqué.

Je me suis emparée du seul objet que j'avais sous la main – un parapluie vert – et je suis sortie en trombe de la voiture. Je n'avais aucune intention de le frapper, parce que cela ne me ressemble pas, alors j'ai tapé sur ce qui était à ma portée. Sa voiture.

C'était vraiment consternant. Un parapluie ! Comme si ça servait à quelque chose ! Ce n'était que le réflexe désespéré d'une personne brisée. Rien de plus.

J'ai eu tellement honte de mon geste que j'ai adressé un message d'excuses à l'agence photo en précisant que je me préparais pour un rôle dans un film noir – ce qui n'était pas faux –, et que je n'étais pas tout à fait moi-même – ce qui était vrai.

Dans un documentaire qui m'est consacré, j'ai entendu ce paparazzi déclarer : « C'était pas une bonne soirée pour elle. (...) Mais pour nous, c'était une super soirée. Parce qu'un plan comme celui-là, ça vaut de l'or. »

***

D'après Hesam, désormais mon mari, se raser la tête est devenu un symbole pour les jolies filles, c'est tendance. C'est une façon de refuser les canons de la beauté conventionnelle. Hesam fait tout pour m'aider à digérer cet épisode, ça le désole de voir que j'en souffre encore aujourd'hui.

27

J'avais l'impression de vivre au bord d'un précipice.

Peu de temps après l'épisode de ma tête rasée, je me suis rendue à l'appartement de mon frère Bryan à Los Angeles. Il hébergeait deux vieilles copines du Mississippi – et ma mère était là, elle aussi. J'avais l'impression qu'elle refusait de me regarder parce que j'étais moche. Parfaite démonstration que le monde ne se soucie que de votre apparence physique, quand bien même vous souffrez et êtes au trente-sixième dessous.

Cet hiver-là, on m'avait assuré que suivre une cure de désintoxication pourrait m'aider à récupérer la garde de mes enfants. Alors, même si j'estimais que mon problème avait plus à voir avec la colère et le chagrin qu'avec la consommation d'une quelconque substance, j'ai accepté d'y aller. À mon arrivée, je suis tombée sur mon père. Il s'est assis en face de moi – nous étions séparés par trois tables de pique-nique. Il s'est contenté de lâcher : « C'est honteux, ce que tu fais. »

Quand j'y repense aujourd'hui, je me demande pourquoi je n'ai pas appelé Big Rob pour qu'il vienne m'aider. J'étais déjà assez gênée comme ça, mais voilà que mon père me disait que je lui faisais honte ! C'était de l'acharnement pur et simple. Il me traitait comme un chien galeux. Je n'avais plus personne vers qui me tourner. Je me sentais tellement seule. Malgré tout, d'après moi, le bon côté des choses, c'est que j'ai commencé le processus de guérison. J'étais déterminée à tirer le meilleur parti de cette situation tragique.

Quand j'en suis ressortie, avec l'aide d'un avocat extraordinaire, j'ai pu obtenir temporairement une garde partagée équitable. Mais la bataille avec Kevin n'était pas terminée pour autant, et elle me rongeait de l'intérieur.

Pour moi, *Blackout* reste la plus grande fierté de ma carrière. Il est sorti peu de temps avant Halloween en 2007. Dans le cadre de sa promotion, il était prévu que je chante « Gimme More » aux VMA, la cérémonie des Video Music Awards de MTV. Je n'en avais aucune envie, mais mon équipe a insisté pour que j'y aille, histoire de montrer que j'étais en pleine forme.

L'ennui, c'est que je ne l'étais pas.

Ce soir-là aux VMA, en coulisses, rien n'allait. Ni ma tenue ni mes extensions capillaires. Je n'avais pas fermé l'œil de la nuit et j'avais la tête qui tournait. J'avais beau avoir accouché moins d'un an auparavant, tout le monde était choqué que je n'aie plus un corps d'athlète. C'était incroyable que je sois obligée de monter sur scène dans un tel état.

J'ai croisé Justin dans les coulisses. Ça faisait un moment qu'on ne s'était pas vus. Tout allait très bien pour lui. Il était au top sur tous les plans, et il avait une classe inouïe. Alors que moi, je me sentais mal, je n'avais pas suffisamment répété, mon look me faisait horreur et je savais pertinemment qu'on courait à la catastrophe.

Je me suis exécutée tant bien que mal. Autant dire que j'étais à mille lieues de mes heures de gloire. En me voyant chanter sur les écrans géants de l'auditorium, j'avais l'impression de me regarder dans un miroir déformant.

Jamais je ne défendrai cette performance ni ne prétendrai qu'elle mérite qu'on s'y intéresse, mais je tiens à rappeler que les artistes ont eux aussi des jours sans. À ceci près que les conséquences sont généralement beaucoup moins graves pour eux qu'elles ne l'ont été pour moi.

Comble de malchance, je passais l'un des pires moments de mon existence à l'endroit même où mon ex savourait l'un des plus beaux jours de sa vie. Justin a fait son entrée sur scène avec une de ces glissades dont il a le secret. Il flirtait avec les filles du public, et l'une d'elles n'a pas hésité à agiter ses seins tandis qu'il chantait en la regardant droit dans les yeux. Puis

Timbaland et Nelly Furtado l'ont rejoint. Justin était tellement léger, drôle et libre !

Un peu plus tard dans la soirée, la comédienne de stand-up Sarah Silverman est montée sur scène pour me mettre en boîte. D'après elle, j'avais déjà accompli à vingt-cinq ans tout ce que j'accomplirais dans ma vie. Et elle a ajouté que mes bébés étaient « les plus adorables erreurs de jeunesse qu'on n'ait jamais vues ».

Mais je n'ai rien entendu de tout cela en direct. Si j'ai raté ce passage, c'est parce que j'étais en coulisses et que je n'arrêtais pas de pleurer.

Au cours des jours et des semaines qui ont suivi, les journaux ne se sont pas privés de se moquer à la fois de mon corps et de ma performance. Le célèbre Dr. Phil a même déclaré dans son émission que celle-ci avait été un fiasco.

La seule promotion que j'ai faite pour *Blackout* s'est résumée à une interview en direct à la radio avec Ryan Seacrest au moment de la sortie de l'album en octobre 2007. Au cours de l'entretien, qui a priori ne devait porter que sur le disque, celui-ci m'a posé plusieurs questions telles que « Qu'est-ce que vous répondez à ceux qui vous critiquent en tant que mère ? » et « Est-ce que vous avez le sentiment de faire votre maximum pour vos enfants ? » ou encore : « À quelle fréquence allez-vous les voir ? »

Apparemment, tout ce qui intéressait les gens, c'était de savoir si j'étais une bonne mère. Le reste, ils s'en fichaient. J'aurais préféré qu'ils s'étonnent de me voir produire un album aussi réussi en même temps que deux grossesses et des harcèlements quotidiens.

C'est à ce moment-là que mes managers ont décidé de démissionner. Un de mes gardes du corps, accompagné de l'avocate Gloria Allred, est venu affirmer au tribunal que je prenais de la drogue. Et personne ne l'a soumis à un contre-interrogatoire.

Une experte en parentalité commise d'office a déclaré à la barre que j'adorais mes enfants et que nous avions clairement un lien très fort. Elle a également affirmé que rien de ce qui se déroulait à mon domicile ne pouvait être qualifié de mauvais traitement.

Hélas, ce n'est pas cette déclaration qui a fait la une.

28

Au début du mois de janvier 2008, un jour où j'avais les garçons, un garde du corps qui travaillait autrefois pour mon compte et qui était désormais employé par Kevin est venu les chercher en fin de journée.

Il a commencé par installer Preston dans son siège-auto. Quand il est venu chercher Jayden, j'ai percuté que je n'allais peut-être plus jamais voir mes fils. Vu l'évolution de mon dossier pour leur garde, j'étais terrorisée à l'idée de ne plus jamais revoir mes enfants.

Je me suis précipitée dans la salle de bains avec Jayden et je me suis enfermée. Je ne pouvais tout simplement pas le laisser partir. Je ne voulais pas qu'on me prenne mon bébé. De l'autre côté de la porte, une amie m'a dit que le garde du corps patienterait. J'ai pris Jayden dans mes bras et j'ai pleuré toutes les larmes de mon corps. Mais on ne m'a accordé aucun répit. Je n'ai pas eu le temps de souffler que des membres du SWAT – une unité d'intervention spéciale –, tout de noir vêtus, ont défoncé la porte de la salle de bains comme si j'avais fait du mal à quelqu'un. Tout ce dont j'étais coupable, c'était de vouloir désespérément passer plus de temps avec mes enfants. Et surtout qu'on me garantisse que je n'allais pas les perdre. J'ai regardé mon amie et je lui ai demandé pour quelle raison elle m'avait dit que le garde du corps patienterait.

On m'a pris Jayden James des mains, on m'a attachée à un brancard et on m'a conduite à l'hôpital.

L'hôpital m'a laissée rentrer chez moi avant la fin des soixante-douze heures d'observation. Mais le mal était fait. Je n'ai pas été aidée par les paparazzis qui se sont encore plus acharnés contre moi.

Lorsqu'une nouvelle audience pour la garde des enfants s'est tenue, on m'a dit que vu mon comportement – à savoir ma crise de panique à l'idée de perdre mes fils –, on ne m'autoriserait plus à les voir aussi souvent.

Personne ne m'a soutenue. Même ma famille semblait se désintéresser de ma situation. Juste après les fêtes, j'ai appris par la presse à scandale que ma sœur de seize ans était enceinte. Ma famille n'avait pas jugé bon de m'en informer. C'est à peu près à cette période que Jamie Lynn a failli demander à être émancipée de nos parents. Elle les accusait entre autres de lui avoir confisqué son portable.

Et d'être obligée de communiquer avec le monde extérieur grâce à des téléphones jetables qu'elle devait dissimuler.

Lorsqu'une personne ne va pas bien – ce qui était clairement mon cas –, c'est précisément dans ces moments-là qu'il faut se rapprocher d'elle et la soutenir. Kevin m'a coupée du monde. Il m'a empêchée de respirer. Et mes parents ne m'ont pas soutenue.

J'ai même commencé à les soupçonner de se réjouir en secret de ce qu'il m'arrivait. Mais cela paraissait invraisemblable. Je devais être parano.

À moins que ?

29

À Los Angeles, il fait beau et chaud toute l'année. D'ailleurs, on se demande souvent à quelle saison on est. Partout, les gens sont radieux, lunettes de soleil sur le front et boisson fraîche à la main. Mais en janvier 2008, malgré le ciel bleu, c'était bel et bien l'hiver pour moi. Parce que j'étais seule, que j'avais froid et que j'ai été hospitalisée.

Je ferais sans doute mieux de garder cela pour moi, mais j'avoue que ça ne tournait pas rond dans ma tête. Je prenais beaucoup d'Adderall.

J'étais infernale, et je reconnais avoir fait quelques bêtises. J'étais tellement malheureuse à cause de ce qui s'était passé avec Kevin. J'avais fait beaucoup d'efforts, mais il s'est retourné contre moi.

J'ai commencé à sortir avec un photographe. J'étais complètement sous le charme. Il avait été paparazzi, et pour certains ça faisait forcément de lui quelqu'un de mal intentionné. Mais tout ce que je voyais, c'était qu'il était galant et me soutenait quand les autres devenaient trop agressifs.

À l'époque, quand quelque chose ne me plaisait pas, je ne me privais pas pour le faire savoir, j'étais franche du collier. (Si on m'avait frappée au visage à Las Vegas – comme cela s'est produit en juillet 2003 –, j'aurais riposté sans une seconde d'hésitation.)

Je n'avais peur de rien.

Les paparazzis nous suivaient sans arrêt. Et les poursuites viraient au délire – parfois ils étaient hostiles, et parfois ils s'amusaient, aussi. La plupart voulaient faire en sorte que j'aie l'air méchante, pour avoir un bon cliché à vendre avec l'argumentaire : « Elle est paumée et a l'air complètement dingue. » Mais dans certains cas ils avaient aussi envie que je présente bien.

Un jour, on était pourchassés, ce photographe et moi, et cela fait partie des moments en sa compagnie que je n'oublierai jamais. On conduisait à vive allure, près d'un ravin, et allez savoir pourquoi, j'ai décidé de faire faire un 360° à la voiture, au bord du ravin. Je ne savais même pas que j'étais capable de faire un tour à 360° – ça me dépassait complètement, Dieu devait être mêlé à cette histoire. Et j'ai assuré : les roues arrières de la voiture se sont arrêtées juste au bord, et si les roues avaient fait ne serait-ce que trois tours supplémentaires, on serait tombés dans le ravin.

Je l'ai regardé, et puis à son tour, il m'a regardé. Je lui ai dit : « On a failli mourir. »

Je me sentais tellement bien.

Quand on a des enfants, on leur répète tout le temps de faire attention, fais pas ci, fais pas ça. Mais même s'il n'y a rien de plus important que la sécurité, je pense qu'il faut aussi avoir des révélations et se lancer des défis pour se sentir libérés, pour ne plus avoir peur et découvrir tout ce que la vie nous réserve comme surprises.

À ce moment-là, j'ignorais qu'il était marié. Je ne m'en doutais absolument pas. Ce n'est qu'après notre rupture que je l'ai découvert. Je le trouvais très drôle, et au lit, c'était torride. Il avait dix ans de plus que moi.

Pendant un temps, je suis beaucoup sortie. Mais où que j'aille, les paparazzis m'attendaient. Et pour autant que je sache, malgré tous les articles consacrés à ma prétendue irresponsabilité, ma conduite n'a jamais dégénéré au point de justifier ce qui allait m'arriver. La vérité, c'est que j'étais triste, infiniment triste, et que mes enfants me manquaient quand ils étaient avec Kevin.

Le photographe m'a beaucoup aidée face à ma dépression. J'avais besoin qu'on s'intéresse à moi, et il m'a accordé l'attention dont j'avais besoin. Ce n'était pas qu'une relation purement sexuelle. Mes parents ne l'aimaient pas trop, mais il y avait beaucoup de choses qui ne me plaisaient pas chez eux non plus.

Le photographe m'a encouragée à me rebeller, à céder à mes impulsions. Malgré ma vie de débauchée, il m'aimait. Il m'aimait sans condition. Contrairement à ma mère, qui m'avait hurlé dessus parce que j'étais sortie faire la fête. Contrairement à mon père, dont l'amour était toujours soumis à condition.

Avec son soutien, je me suis donc lâchée. Et c'était jubilatoire ! C'était l'exact opposé de ce qu'on attendait de moi.

Je m'exprimais comme si j'étais folle. Je parlais extrêmement fort – partout, y compris au restaurant. Si je sortais dîner avec du monde, je pouvais m'allonger sur la table. C'était une manière de dire « *Fuck you !* » à tous ceux qui venaient m'emmerder.

En un mot, je perdais complètement les pédales.

Ou plutôt, non. Je ne perdais pas les pédales, j'étais furieuse. J'étais hors de moi.

Je voulais m'enfuir. Je n'avais pas les enfants, et j'avais besoin de prendre le large vis-à-vis des médias et des paparazzis. Je voulais quitter Los Angeles, alors le photographe et moi sommes partis en voyage au Mexique. C'était comme si je m'étais réfugiée dans une *safe house.* Partout ailleurs, il y avait un million de personnes à ma porte. Mais quand j'ai quitté Los Angeles, même si ça a été de courte durée, je me sentais loin de tout. Et ça a fonctionné – pendant un petit moment, je me suis sentie mieux. J'aurais dû en profiter davantage.

J'avais le sentiment que ma relation avec le photographe devenait plus sérieuse. Même ma famille avait l'air de vouloir se rapprocher de moi – mais d'une façon qui me mettait mal à l'aise.

Un jour, ma mère m'a appelée.

— Britney, on a l'impression que quelque chose ne va pas. On a entendu dire que tu étais recherchée par la police. Retrouvons-nous à la maison en bord de mer.

— Je suis recherchée par la police ? Mais pourquoi ?

Je n'avais rien fait d'illégal ! Certes, je traversais une période débridée et je prenais de l'Adderall, mais je n'avais commis aucun crime. Ma mère savait très bien que j'avais passé les deux derniers jours avec mes copines puisqu'elle était restée dormir chez ma cousine Alli avec elles et moi !

— Viens donc à la maison, a-t-elle insisté. On a envie de te parler.

J'ai obtempéré, et j'ai demandé au photographe de me retrouver sur place. Ma mère se comportait de façon très étrange.

— Il se passe quelque chose, non ? a dit le photographe en arrivant.

— Ouais. Y a un truc qui cloche.

Soudain, on a entendu des hélicoptères s'approcher de la maison.

— C'est pour moi ? ai-je demandé à ma mère. Rassure-moi, c'est une plaisanterie ?

Ce n'en était pas une. Quelque chose comme vingt agents du SWAT ont déboulé chez moi. Je me suis mise à crier :

— Mais pourquoi ? Qu'est-ce que j'ai fait ?

J'avais beau avoir commis quelques bêtises, je n'avais pas braqué de banque non plus. En tout cas, je n'avais rien fait qui justifie cela.

Avec le temps, j'ai compris que quelque chose avait changé ce mois-là, depuis mon passage à l'hôpital. Mon père avait noué des liens très étroits avec Louise « Lou » Taylor, qu'il vénérait. Elle allait jouer un rôle central dans la mise en place de la tutelle qui leur permettrait par la suite de prendre le pouvoir sur ma carrière. Lou, qui venait de lancer une nouvelle société du nom de Tri Star Sports & Entertainment Group, était impliquée au plus haut niveau dans l'initiative de me mettre sous tutelle. À l'époque, elle avait peu de clients sérieux. Elle a grosso modo bâti sa société sur mon nom et le fruit de mon labeur.

Les mises sous tutelle, appelées aussi curatelles, sont généralement réservées aux individus privés de tout ou partie de leurs facultés intellectuelles, et qui ne peuvent plus prendre soin d'eux. Mais en ce qui me concerne, j'étais totalement opérationnelle. Je venais de faire le meilleur album de ma carrière. Et je rapportais beaucoup d'argent à bon nombre de personnes, en particulier à mon père. J'ai découvert qu'il touchait un salaire supérieur à celui qu'il me versait et qui lui a rapporté plus de six millions de dollars, tout en versant des dizaines de millions supplémentaires à certains de ses proches.

Il est possible de se retrouver sous tutelle pendant deux mois, le temps de se remettre d'aplomb, puis on vous laisse reprendre le contrôle de votre vie. Mais ce n'est pas ce que mon père avait en tête. Cela ne lui suffisait pas.

Il a réussi à mettre en place deux formes différentes de tutelle : la « mise sous tutelle de la personne » et la « mise sous tutelle des biens ». Le tuteur est alors désigné pour gérer les détails de la vie courante de la personne sous tutelle, notamment son lieu de résidence, si elle peut conduire ou non, et ses activités quotidiennes. J'ai eu beau supplier le tribunal de désigner quelqu'un d'autre – j'aurais largement préféré le premier venu à mon père –, hélas, c'est lui qui s'est vu confier le job. On est quand même en train de parler de cet homme qui me faisait pleurer quand je montais en voiture avec lui quand j'étais petite parce qu'il se parlait à lui-même. Et sous prétexte que j'étais folle, on ne m'a même pas laissée choisir mon propre avocat.

Le tuteur des biens – qui, dans mon cas, étaient estimés à plusieurs dizaines de millions de dollars à l'époque – gère les affaires courantes de la personne sous tutelle pour empêcher qu'elle soit « sujette à l'abus d'influence ou à la fraude ». Ce rôle a été endossé par mon père avec le soutien d'un avocat nommé Andrew Wallet, qui allait être payé 426 000 dollars par an pour me tenir à l'écart de ma propre fortune. J'étais obligée de payer un peu plus d'un demi-million de dollars par an à mon avocat commis d'office, qu'on ne m'a jamais autorisée à remplacer.

J'avais l'impression que mon père et Robin Greenhill, l'employée de Lou, décidaient de tout à ma place et surveillaient mes moindres faits et gestes. J'ai été traitée comme une criminelle ou une prédatrice, moi, une gentille chanteuse de 1,63 m qui dit poliment « bonjour madame » et « merci monsieur ».

J'avais souvent eu besoin de l'aide de mon père au cours des années précédentes. En vain. Il était aux abonnés absents. Quand l'heure est venue pour lui d'assumer la tutelle, il était soudain disponible ! Il n'y a que l'argent qui compte pour lui.

On ne peut pas dire que ma mère relevait beaucoup le niveau. Elle avait joué les innocentes ces deux nuits chez Alli alors qu'elle était dans le coup. Je suis certaine que tout a été planifié, que Lou, mon père et ma mère ont tout manigancé ensemble. Il a même été envisagé que Tri Star soit associée à ma tutelle. J'ai appris par la suite qu'à l'époque où ils m'ont mise sous tutelle, juste après sa faillite, mon père était endetté. Il devait au moins 40 000 dollars à Lou, ce qui représentait beaucoup pour lui, surtout à ce moment-là. C'est ce que mon nouvel avocat Mathew Rosengart qualifiera de « conflit d'intérêts » au tribunal.

Peu après qu'on m'a reconduite à l'hôpital contre mon gré, on m'a informée que le dossier de mise sous tutelle avait été déposé.

30

Alors que ma vie s'écroulait, ma mère s'est mise à écrire ses mémoires. Elle s'étonnait d'avoir vu sa jolie fille se raser la tête et se demandait comment c'était possible. J'avais soi-disant été la plus joyeuse de ses enfants.

Pourtant, quand je faisais un pas de travers, c'était le cadet de ses soucis. Et là, elle paradait à la télévision pour raconter la moindre de mes bourdes, histoire de promouvoir son livre.

Ma mère l'a écrit en capitalisant sur mon nom et pour parler d'éducation à une époque où mon frère, ma sœur et moi étions tous trois des causes perdues. Jamie Lynn était ado et enceinte. Bryan, toujours persuadé d'avoir déçu notre père, se démenait pour trouver sa place dans le monde. Quant à moi, ma vie n'était qu'un champ de ruines.

Le livre a fini par sortir, et ma mère est passée dans toutes les matinales. Quand j'allumais ma télé le matin, la première chose que je voyais, c'étaient des extraits de mes clips avec mon crâne rasé en surimpression. Dans l'émission *Today*, ma mère a raconté à la journaliste Meredith Vieira qu'elle n'avait cessé de se demander ce qui était arrivé. Dans une autre émission, j'ai carrément vu le public applaudir lorsqu'elle a parlé de ma sœur adolescente qui était toujours en couple avec son mari. Bravo à eux ! C'est vrai que c'était merveilleux qu'elle soit toujours en couple avec son mari et qu'elle soit enceinte à seize ans. Vraiment, chapeau ! À les entendre, qu'elle attende un enfant alors qu'elle en était encore une ne semblait poser de problème à personne.

J'avais beau être au fond du trou, ma mère se contentait de dire à mon sujet :

— Quant à Britney… Voyez vous-même.

Le livre, c'était quelque chose d'énorme pour elle, mais à mes dépens. Le moment était tellement mal choisi, ça me faisait halluciner.

Entre ma grave dépression postnatale, l'abandon de mon mari, la souffrance d'être séparée de mes deux bébés, la mort de ma chère tante Sandra et les paparazzis qui ne me lâchaient pas, j'avoue avoir pas mal régressé.

Pourtant, si je réfléchis à mes actes les plus terribles à cette époque, je ne crois pas avoir fait pire que ma mère avec son livre et la promotion qui a suivi.

Dans le livre, ma mère racontait mes hospitalisations et le fait que ça me rendait folle d'être séparée de mes bébés pendant des semaines. Le cauchemar que je vivais lui rapportait gros.

D'accord, j'étais complètement écervelée. Mais je n'étais pas aussi méchante qu'elle le prétendait ! Or elle a réussi à m'en persuader. À un moment où j'étais vraiment vulnérable.

Rien qu'à l'idée que mes enfants puissent un jour vivre quelque chose de semblable à ce que j'ai traversé, j'en ai les larmes aux yeux. Et si l'un de mes fils subissait ce genre de chose, jamais je n'aurais l'idée d'écrire un livre dessus.

Non. Je ferais preuve d'humilité. Je ferais mon possible pour l'aider à s'en sortir, pour le soutenir, pour qu'il aille mieux.

Jamais je n'irais parader en tailleur-pantalon et coupe au carré dernier cri sur le plateau de cette immonde Meredith Vieira en capitalisant sur les malheurs de mon enfant. Je n'y songerais même pas.

Dans mes posts Instagram, il m'arrive de m'exprimer sans filtre. Les gens se demandent pourquoi j'en veux autant à mes parents. S'ils avaient été à ma place, ils comprendraient.

31

La tutelle a été mise en place au prétexte que j'étais incapable de faire quoi que ce soit – me nourrir, gérer mes comptes, élever mes enfants, etc. Mais si j'étais tellement incapable, pourquoi m'ont-ils fait tourner dans un épisode de *How I Met Your Mother* quelques semaines plus tard, puis envoyée sur une tournée épuisante ?

Après le début de ma tutelle, ma mère et la copine de mon frère sont allées se faire couper les cheveux et sont sorties dîner pour boire du vin – les paparazzis étaient sur place pour les prendre en photo, ça sentait la mise en scène à plein nez. Mon père m'a éloignée de mon petit copain, et je ne pouvais plus conduire. Ma mère et mon père m'ont pris ma féminité. Ils étaient gagnants sur tous les plans.

Après tout ce que j'avais accompli, l'État de Californie cédait le contrôle de ma personne à un homme tel que mon père ! Un alcoolique, qui avait fait faillite, dont la carrière s'était soldée par un échec, et qui m'avait terrifiée toute mon enfance.

J'ai repensé à un conseil que mon père m'avait donné, que je n'avais pas suivi. Est-ce que je pourrais encore l'ignorer ? Pour lui, la tutelle était un tremplin rêvé pour mon « come-back » (j'avais sorti le meilleur album de ma carrière à peine quelques mois auparavant, mais bref…). Ce que j'ai compris de son discours, c'était que tout était réglé, que maintenant je travaillais pour eux, que c'était l'idéal.

Mais l'idéal pour qui ? Pour moi… ou pour lui ?

On me demandait de reprendre le travail comme si de rien n'était. D'un côté, j'étais trop malade pour pouvoir me choisir un petit ami, mais de l'autre, j'allais suffisamment bien pour jouer dans un épisode de sitcom, participer à des matinales et chanter devant des milliers de personnes dans un coin différent du monde chaque semaine. Plutôt surprenant, non ?

À leurs yeux, j'étais visiblement venue au monde dans le seul but d'alimenter leur compte en banque. En tout cas, c'est l'effet que ça me faisait.

Chez moi, mon père s'est attribué la petite pièce qui me servait de bureau et l'emplacement de mon bar pour en faire son bureau. À cet endroit, il y avait un saladier contenant un tas de tickets de caisse.

Au risque de surprendre, j'étais tellement maniaque que je conservais tous mes tickets dans ce saladier.

Chaque semaine, je calculais mes dépenses. À l'ancienne ! Et je gardais tous les justificatifs pour ma déclaration d'impôts – cette habitude est ancrée en moi et me reste même en cas de coup dur. Ce saladier rempli de tickets de caisse était donc la preuve flagrante que j'étais toujours capable de gérer mes affaires.

J'ai connu bien des musiciens qui prenaient de l'héroïne, qui se bagarraient et qui jetaient des télés par la fenêtre dans des hôtels… mais moi je n'ai jamais rien volé, ni blessé qui que ce soit, ni pris de drogues dures. En revanche, je conservais les justificatifs de mes dépenses.

Jusqu'à ce que mon père intervienne. Il s'est débarrassé de mon saladier et a installé ses affaires sur le bar.

— Je tiens à ce que tu saches que c'est moi qui décide, a-t-il déclaré. Toi, tu restes assise, et c'est moi qui vais te dire comment ça se passe.

Je l'observais, horrifiée, quand il a ajouté :

— Britney Spears, désormais, c'est moi.

32

Les rares fois où je sortais – notamment pour aller dîner chez Cade, qui est à la fois mon agent et mon ami –, les gardes du corps passaient la maison au peigne fin avant mon arrivée pour s'assurer qu'il n'y avait ni alcool, ni drogue, ni même de paracétamol. Personne à la soirée n'était autorisé à boire avant que je sois repartie. Les autres convives ont toujours joué le jeu sans faire d'histoires, mais je me doutais bien que la vraie soirée ne commençait qu'après mon départ.

Si quelqu'un voulait sortir avec moi, les gardes du corps appliquaient les consignes de mon père : ils enquêtaient sur son passé, lui faisaient signer un contrat de confidentialité et lui imposaient même une prise de sang. (Et mon père m'a dit aussi que je ne pourrais plus jamais revoir le photographe avec qui j'étais sortie.)

Avant chaque premier rendez-vous, Robin partageait avec l'intéressé tout mon historique médical et sexuel. Ce qui était très humiliant, et sacrément handicapant. Allez donc vous faire des amis ou passer une bonne soirée dans ces conditions ! Quant à trouver l'amour, je n'y songeais même plus.

Quand je repensais à la façon dont mon père a été élevé par June et à ses propres méthodes éducatives, il était clair que cette tutelle allait être un cauchemar. Que mon père contrôle une partie de ma vie était déjà terrifiant. Mais qu'il en contrôle la totalité ? Rien ne pouvait arriver de pire à ma musique, à ma carrière et à ma santé mentale.

Très vite, j'ai appelé cet étrange avocat commis d'office pour lui demander de m'aider. Ce qui est incroyable, c'est que je n'avais que lui sous la main – alors que je ne l'avais même pas choisi. Car mon avocat devait être obligatoirement validé par le tribunal. Ce n'est que bien plus tard que j'ai découvert qu'on m'avait menti. En treize ans, on ne m'a jamais dit que j'étais libre de prendre qui je voulais pour défendre mes droits. Je sentais que cet avocat commis d'office n'était guère motivé par mon affaire.

Ma mère est une très bonne amie du gouverneur de Louisiane. Elle aurait donc pu me le passer au téléphone, et il m'aurait alors informée que je pouvais choisir mon propre avocat. Mais elle a gardé ça pour elle ; elle a préféré faire appel à un avocat pour sa défense, pour continuer à prendre son pied en se battant avec mon père, comme elle le faisait quand j'étais jeune.

Par moments, il m'est arrivé de me rebeller, en particulier quand mon père a confisqué mon téléphone portable. Alors, je me débrouillais pour me procurer un téléphone en douce et j'essayais de m'enfuir. Hélas, ils finissaient toujours par m'attraper.

La triste vérité, c'est qu'après tout ce que j'avais traversé, j'étais à bout de forces. J'étais épuisée et j'avais peur. Depuis qu'ils m'avaient fait attacher à un brancard, je les savais capables de neutraliser mon corps quand bon leur semblerait. Ils auraient pu me tuer. D'ailleurs, je commençais à me demander s'ils n'en avaient pas envie.

Et quand mon père m'a annoncé que c'était lui qui décidait désormais, ça a été la goutte d'eau. Ma situation étant sans issue, j'ai préféré capituler et me suis mise en pilotage automatique. Je me suis dit que si je jouais le jeu, ils me laisseraient partir. Forcément.

J'ai donc joué le jeu.

Après mon mariage et mes grossesses, je continuais de voir Felicia. Je l'ai toujours adorée. Mais quand j'ai arrêté les tournées et que j'ai levé le pied professionnellement, on s'est perdues de vue. Il a été question un moment que Felicia reprenne du service pour la tournée Circus, mais sans que je sache pourquoi, elle n'a plus jamais été mon assistante. J'ai appris par la suite que mon père l'avait informée que je ne voulais plus travailler avec elle. C'était totalement faux ! Si j'avais su que, de son côté, elle en avait envie, jamais je ne lui aurais dit non. Mon père la tenait à l'écart à mon insu.

On m'a coupée de plein d'autres amis proches – à ce jour, je ne les ai toujours pas revus. À cause de ça, je me suis encore plus repliée sur moi-même.

Lorsque mes parents ont proposé de faire venir quelques-uns de mes camarades d'enfance pour me remonter le moral, j'ai refusé poliment. J'adorais ces gens plus que tout, mais ils avaient des enfants, et on avait emprunté d'autres chemins dans la vie. Ils seraient venus uniquement par compassion et sans réelle motivation. C'est bien d'aider les gens, sauf s'ils ne vous ont rien demandé. Et il ne faut surtout pas que ce soit imposé.

C'est compliqué pour moi de revisiter ce chapitre particulièrement difficile de mon existence et d'imaginer comment les choses auraient pu être différentes si je m'étais davantage rebellée. Je n'ai absolument aucune envie de penser à ça, de quelque façon que ce soit. C'est trop dur, j'ai trop souffert.

Avant la tutelle, c'est vrai que je sortais trop. Je n'en pouvais plus, je ne pouvais plus continuer à ce rythme. Il était temps que je me calme un peu. Mais du jour au lendemain, je me suis retrouvée pour ainsi dire cloîtrée. À ne rien faire de mes journées.

J'avais fait les quatre cents coups avec le photographe, j'avais roulé à toute vitesse, je m'étais éclatée, et là, d'un coup, j'étais seule, sans activité, sans téléphone. C'était violent.

Dans mon ancienne vie, j'avais connu la liberté. Je prenais mes propres décisions, je déterminais mon emploi du temps, je choisissais dès le réveil ce que j'allais faire. Si je passais une mauvaise journée, au moins, c'était *ma* mauvaise journée. J'ai fini par jeter l'éponge. Dans ma nouvelle vie, c'était toujours la même chose. Le matin, je demandais :

— C'est quoi, le programme ?

Puis je faisais ce qu'on me disait.

Seule, le soir, j'essayais de trouver l'inspiration dans des musiques, des films, des livres magnifiques ou émouvants – tout ce qui pouvait m'aider à oublier l'horreur de ma vie. Je m'évadais dans des mondes imaginaires, comme quand j'étais petite fille.

Tout donnait à penser que chaque sollicitation était examinée par mon père et Robin. C'est eux qui décidaient où j'allais, et avec qui. Suivant les instructions de Robin, les gardes du corps me remettaient des enveloppes préremplies de médicaments et devaient s'assurer que je les prenais. Ils ont activé des contrôles parentaux sur mon iPhone. Tout était passé au peigne fin et sous surveillance. Absolument tout.

J'allais me coucher tôt, je me levais, j'obéissais à leurs ordres. Invariablement, comme dans *Un jour sans fin*.

Cela a duré treize ans.

Vous vous demandez peut-être pourquoi j'ai joué le jeu. La réponse est simple : pour mes enfants.

Comme j'ai joué selon les règles, j'ai gagné le droit de revoir mes fils.

Quand j'ai enfin pu les serrer de nouveau contre moi, j'étais euphorique. Lorsqu'ils se sont endormis à mes côtés, le premier soir qu'on a passé ensemble, je me suis sentie entière pour la première fois depuis des mois. Je n'avais qu'à les regarder dormir pour mesurer ma chance inouïe d'être leur mère.

Afin de les voir aussi souvent que possible, je faisais de mon mieux pour apaiser Kevin. J'ai payé ses frais de justice, ainsi que la pension alimentaire, et j'ai déboursé des milliers de dollars supplémentaires chaque mois pour que les enfants puissent m'accompagner sur la tournée Circus. Durant cette même période, je suis passée dans le talk-show *Good Morning America*, j'ai activé les illuminations du sapin de Noël à Los Angeles, j'ai tourné une séquence de l'émission *Ellen*, d'Ellen DeGeneres, et je suis partie en tournée en Europe et en Australie.

Toutefois, une question me taraudait. Si je n'étais pas en état de prendre la moindre décision par moi-même, pourquoi m'estimait-on capable d'apparaître en public, de chanter et danser malgré le décalage horaire chaque semaine, et le tout avec le sourire ?

Une fois encore, la réponse est très simple : la tournée Circus a rapporté plus de 130 millions de dollars, dont 5 % sont revenus à Tri Star, la société de Lou Taylor. Après la fin de la tutelle, j'ai appris que même quand je m'étais mise en retrait en 2019 et qu'il n'y avait plus de rentrées d'argent, mon père leur payait des « frais fixes ». Ils percevaient des centaines de milliers de dollars supplémentaires. Mon père percevait lui aussi un pourcentage, auquel il fallait ajouter environ 16 000 dollars par mois que lui rapportait la tutelle. Il n'avait jamais gagné autant d'argent. La tutelle lui a tellement profité qu'il est devenu multimillionnaire.

Mais renoncer à ma liberté en échange de siestes avec mes enfants était un marché qui me convenait. Il n'y a rien que j'aime plus, rien de plus important pour moi sur cette terre, que mes enfants. J'étais prête à sacrifier ma vie pour eux.

Alors pourquoi ne pas sacrifier ma liberté ?

33

Comment faire pour s'accrocher et garder espoir ? Je m'étais résignée à accepter la tutelle parce que je songeais à mes fils. Mais c'était quand même très dur. Certes, je n'étais pas réduite à cela, mais je sentais qu'une facette de ma personnalité disparaissait peu à peu. Avec le temps, ma flamme s'est éteinte. Mon regard s'est terni. J'étais persuadée que mes fans s'en rendaient compte, même s'ils ne se doutaient pas de ce qui se passait.

J'ai beaucoup de compassion pour la femme que j'étais avant ma mise sous tutelle. On avait beau dire que j'étais une vraie rebelle et que j'étais déchaînée, c'est à l'époque de *Blackout* que j'ai donné le meilleur de moi-même. Même si c'était une période affreuse. J'avais deux petits bébés, et je devais sans cesse me battre pour pouvoir les voir.

Quand j'y repense, j'aurais peut-être dû me concentrer sur ma vie familiale, si dure qu'elle ait été. À l'époque, je croisais Kevin le week-end, on ne se voyait que quelques heures, le temps de suivre le planning qu'il avait lui-même fixé.

Parfois, il acceptait que je voie les garçons un peu plus longtemps. C'était comme si je signais un pacte avec le diable pour qu'il accède à mes requêtes.

C'est vrai, j'étais en pleine révolte à cette époque, mais je me rends compte aujourd'hui que ça n'arrive jamais sans raison. Je pense qu'il faut laisser les gens se rebeller, surtout s'ils en ont besoin. Je n'essaie pas de me justifier, mais pour remettre quelqu'un dans le droit chemin, lui couper les ailes et l'enchaîner au point qu'il ne sache plus qui il est, ce n'est pas la solution. Chaque individu doit pouvoir découvrir le monde. Tester ses limites, découvrir qui il est, choisir comment il a envie de vivre.

Je connais d'autres personnes – par « d'autres », je veux dire des hommes – qui avaient droit à cette liberté. Lorsque des rockers arrivent en retard à des cérémonies de remises de prix, ça les rend encore plus cool. Les pop stars masculines enchaînent les conquêtes, et tout le monde trouve ça fabuleux. Quand Kevin avait envie d'aller fumer de l'herbe et d'enregistrer une chanson de rap – en l'occurrence « Popozão », un mot d'argot portugais qui signifie « gros cul » –, il me laissait toute seule avec deux bébés sur les bras. Puis il m'en privait, ce qui n'a pas empêché le magazine *Details* de l'élire Père de l'année. Un paparazzi qui m'a harcelée et tourmentée pendant des mois m'a attaquée en justice et a réclamé 230 000 dollars parce qu'un jour je lui ai roulé sur le pied, alors que j'essayais de le fuir ! Ça s'est réglé à l'amiable, mais pour cela, j'ai dû lui verser une grosse somme d'argent.

Quand Justin m'a trompée et qu'il faisait étalage de son sex-appeal, tout le monde trouvait ça charmant. Mais quand j'ai arboré un body à paillettes, la journaliste Diane Sawyer m'a poussée à pleurer, MTV m'a forcée à écouter les critiques de mes détracteurs, et l'épouse d'un gouverneur a déclaré qu'elle voulait m'abattre.

On m'avait jaugée pendant toute mon enfance. Ado, on m'avait reluquée, on avait commenté mon apparence. Et ça continuait. Me raser la tête et ouvrir ma gueule a été pour moi une façon de me rebeller. Une fois sous tutelle, on m'a bien fait comprendre que tout ça, c'était du passé. Je devais me laisser pousser les cheveux et retrouver la ligne. Je devais me coucher tôt et avaler tous les médicaments qu'on me prescrivait.

Si je détestais voir mon apparence commentée par les médias, c'était encore plus blessant quand ça venait de mon père. Il me répétait que j'étais grosse, et qu'il fallait y remédier. Alors chaque jour, j'enfilais ma tenue de sport et je me rendais à la salle de gym. Parfois, il m'arrivait d'exprimer quelques bribes de créativité, mais le cœur n'y était plus. Quant à ma passion pour le chant et la danse, elle s'était envolée.

Pour une enfant, poursuivre sans relâche une perfection impossible à atteindre, ça détruit de l'intérieur. Mon père m'avait martelé ce message quand j'étais petite fille, et même si les réussites s'accumulaient, il continuait.

Il m'avait détruite en tant qu'individu. Et maintenant, il me faisait travailler pour son compte. Il ne pouvait pas, en plus, s'attendre à ce que j'y mette du mien.

Je suis donc devenue un robot. Une sorte d'enfant-robot. On m'avait tellement infantilisée que j'étais en mille morceaux ; je ne savais plus trop qui j'étais. Tout ce que mon père ou ma mère me disaient de faire, je le rejetais d'instinct. Ma fierté de femme m'empêchait de prendre tout ça au sérieux. La mise sous tutelle a brisé la femme en moi pour me faire retomber en enfance. Sur scène, je n'étais plus qu'une chose. La musique m'avait toujours fait vibrer, mais ça aussi mes parents me l'avaient pris.

S'ils m'avaient permis de vivre ma vie, je sais que j'aurais laissé parler mon cœur, que j'aurais fini par surmonter la crise que je traversais et que j'en serais sortie la tête haute.

Treize années ont passé durant lesquelles je n'étais plus que l'ombre de moi-même. Quand je pense aujourd'hui à mon père et à ses associés qui ont profité d'un contrôle absolu sur mon corps et ma fortune pendant si longtemps, ça me rend malade.

Et tous ces artistes masculins qui ont perdu leur fortune au jeu, alors ? Tous ceux qui ont souffert d'addiction ou de problèmes psychiatriques ? Personne n'a essayé de les priver de la maîtrise de leur corps et de leur argent. Je ne méritais rien de ce que ma famille m'a fait subir.

Le plus incompréhensible, c'est que j'ai cumulé les réussites précisément à cette période où on me déclarait incapable de prendre soin de moi.

En 2008, j'ai décroché plus de vingt récompenses, dont le prix de la Femme de l'année du magazine *Cosmopolitan*. Aux VMA, un an après qu'on s'était moqué de ma performance sur « Gimme More », j'ai remporté trois trophées. Le clip réalisé pour ma chanson « Piece of Me » a raflé les prix dans toutes les catégories où il était nommé, dont le Clip de l'année. J'ai remercié Dieu, mes enfants, et mes fans qui me soutenaient.

C'était presque comique de remporter toutes ces récompenses pour cet album que j'avais produit alors que j'étais soi-disant inapte, au point de devoir être contrôlée par ma famille.

Mais, en réalité, il n'y avait pas de quoi rire.

34

Si, dans l'ensemble, j'étais malheureuse, mes fils et ma routine m'apportaient des miettes de joie et de réconfort. Je me suis fait quelques amis, et je suis sortie avec Jason Trawick. Il avait dix ans de plus que moi et avait pas mal roulé sa bosse. Cela m'allait très bien qu'il soit agent plutôt qu'artiste, il connaissait le milieu et comprenait la vie que je menais. On est sortis ensemble trois ans.

Jason était toujours sur le qui-vive. En comparaison, je me montrais parfois naïve. (Ce n'est plus le cas. Ma vigilance est désormais digne de celle d'un agent de la CIA.) Il étudiait tout à la loupe, maîtrisait toutes les situations, et ça virait à l'obsession. J'avais tellement fréquenté les paparazzis que je pouvais tout de suite dire s'il se tramait quelque chose. Alors quand je le voyais partir en costume pour travailler dans cette énorme agence ou monter en voiture avec moi, il se souciait presque trop de ce que je représentais. Il voulait tout gérer. Moi, j'étais habituée à ce que des photographes m'encerclent dans la rue, je n'y prêtais plus vraiment attention. Ce qui, je suppose, n'est pas une bonne chose non plus.

Notre relation était très saine. J'éprouvais beaucoup d'amour pour lui et j'en recevais aussi beaucoup de sa part.

Je souffrais toujours de troubles psychologiques à cause de ce qui s'était produit avec Kevin et mes enfants, et des contraintes de la tutelle. J'avais une maison à Thousand Oaks, en Californie. À l'époque, mes enfants étaient petits, et mon père continuait de régenter ma vie.

J'avais beau ne plus travailler depuis la tournée Femme Fatale, il s'obstinait à critiquer chacune de mes décisions, y compris ce que je mangeais. J'étais étonnée que ma mère n'intervienne jamais (mes parents se sont rabibochés en 2010, huit ans après leur divorce). Et puis, j'avais l'impression d'avoir été trahie par l'État de Californie. Que mon père dispose désormais d'un vrai boulot grâce à la tutelle semblait beaucoup plaire à ma mère. Ils regardaient *Esprits criminels* ensemble tous les soirs. Mais qui fait ça, franchement ?

Ainsi, quand mon père refusait que je prenne un dessert, c'était non seulement lui qui me l'interdisait, mais aussi ma famille et mon État. Puisque mon père avait dit non, c'était comme si ce dessert m'était défendu aux yeux de la loi.

Comment en étais-je arrivée là ? Plus rien n'avait de sens.

Sentant que j'avais besoin de me donner un cap, j'ai décidé de reprendre le travail. De m'occuper en étant productive. J'ai commencé à participer à des émissions télé – notamment, en 2012, en tant que jurée de l'émission *The X Factor*.

Il y a beaucoup d'authentiques pros de la télé, comme Christina Aguilera et Gwen Stefani. Quand la caméra est sur elles, elles crèvent l'écran. Et c'est formidable. C'était mon cas quand j'étais plus jeune, mais la peur m'a vraiment fait régresser. Et la perspective de passer à la télé me stressait et pourrissait mes journées. Je ne suis sans doute plus faite pour ça.

J'ai fini par accepter et je vis avec. J'arrive à dire non à ceux qui me poussent dans cette direction. On m'a beaucoup forcée à faire des choses dont je n'avais pas envie, et j'en étais humiliée. J'ai passé l'âge. À la rigueur, si on me trouvait une apparition dans une série sympa, le genre qu'on peut boucler en une journée, j'y réfléchirais. Mais afficher un air sceptique huit heures d'affilée face à un défilé de candidats pour une émission de télé ? Très peu pour moi. J'ai détesté cette expérience.

C'est à peu près à cette période que je me suis fiancée avec Jason. S'il m'a aidée à traverser pas mal d'épreuves, en 2012, peu de temps après qu'il est devenu mon cotuteur, mes sentiments à son égard ont évolué. Je ne m'en rendais pas compte à l'époque, mais je comprends aujourd'hui que de le voir associé à l'organisation qui contrôlait ma vie y était pour quelque chose. Jusqu'à ce que je comprenne que je n'avais rien à lui reprocher. Mais je n'étais plus amoureuse de lui. On a commencé à faire chambre à part. Je préférais câliner mes enfants, avec lesquels j'avais un lien si fort. Ensuite, je lui ai littéralement fermé la porte.

Ma mère me l'a beaucoup reproché. Mais je n'y pouvais rien, je ne l'aimais plus.

Lorsqu'il a rompu avec moi, ça ne m'a rien fait. Il m'a écrit une longue lettre, puis il a disparu des écrans radars. Il a quitté ses fonctions de cotuteur à la fin de notre relation. Je ne peux pas m'empêcher de penser qu'il a traversé une sorte de crise d'identité. Il arborait des mèches de couleur, il allait sur la jetée de Santa Monica et faisait de la moto tous les jours avec un gang de tatoués.

Maintenant que j'ai la quarantaine et que je traverse ma propre crise existentielle, je ne saurais lui jeter la pierre. Je pense juste que le moment était venu qu'on reprenne chacun notre route.

Sous tutelle, les tournées étaient sobres à 100 %. L'alcool était interdit. Un temps, la quasi-totalité de mes danseurs travaillait également dans la troupe de Christina Aguilera. On est tous partis la retrouver à Los Angeles. Christina n'avait pas l'air en grande forme. Mais nos danseurs et moi avons fini dans une magnifique piscine puis dans un jacuzzi. J'aurais adoré prendre un verre avec eux, me rebeller, faire preuve d'insolence, m'amuser. Mais on me l'interdisait. Avec la tutelle, ma vie avait des airs de retraite au couvent.

Par moments, cela m'incitait à refaire une crise d'adolescence. À d'autres, je redevenais une fillette. Et parfois j'avais l'impression d'être une femme prise au piège et tout le temps en colère. Si j'oscillais entre ces trois pôles, c'est parce que j'étais privée de liberté. Comment se comporter en adulte quand on est infantilisée ? Je régressais et agissais comme une enfant. Puis l'adulte se rebiffait – même si le monde dans lequel j'évoluais ne me permettait pas d'en être vraiment une.

Pendant longtemps, on a voulu étouffer la femme en moi. On décidait pour moi d'un scénario à respecter à la lettre sur scène. Et le reste du temps je devais me comporter en robot. J'avais le sentiment d'être privée des grandes découvertes de la vie – ces péchés indispensables que sont le plaisir et l'aventure qui font de nous des humains. Ils voulaient m'enlever ma singularité et me contraindre à la routine. Ils ont signé l'arrêt de mort de ma créativité artistique.

De retour en studio, j'ai fait une chanson très réussie avec will.i.am : « Work Bitch ». Mais il n'y avait pas grand-chose dont j'étais fière dans la musique que je faisais, sans doute parce que je n'avais pas le cœur à ça. J'étais démoralisée au plus haut point. Apparemment, mon père faisait exprès de choisir les studios les plus sombres et les plus moches pour enregistrer. Certaines personnes s'imaginaient que je ne m'en rendais pas compte, et ça les faisait kiffer. Dans ces cas-là, j'étais coincée ; je me sentais piégée. Ils semblaient se réjouir de ma terreur, ils en faisaient un drame, ce qui me rendait malheureuse, et ils en sortaient toujours gagnants. J'étais certaine d'une chose : il fallait que je travaille, et j'étais déterminée à sortir un album dont je serais fière. Mais c'était comme si j'avais oublié que j'étais une femme forte.

Après *The X Factor*, mon manager m'a proposé de me produire dans le cadre d'une résidence à Las Vegas. Je me suis dit que la question méritait d'être étudiée.

Mais à ce moment précis de ma vie, je n'avais plus le cœur à enregistrer de la musique. Je n'étais pas particulièrement motivée à l'idée de recommencer. Je n'avais plus le feu sacré. Tout ça, c'était derrière moi.

J'avais deux enfants, j'avais fait une dépression, et mes parents contrôlaient ma carrière. Je n'allais tout de même pas me contenter de rentrer à la maison.

Alors je suis allée à Las Vegas avec le même objectif que tous ceux qui s'y rendent : tout rafler.

35

La chaleur sèche de Las Vegas me convenait parfaitement. Et puis, là-bas, tout le monde croit en sa chance et en ses rêves. J'ai toujours aimé cette ville, même quand Paris Hilton et moi on retirait nos chaussures pour traverser les casinos en courant. Mais j'avais l'impression que tout ça remontait à une éternité.

Ma résidence a débuté en 2013, juste après Noël. Les garçons étaient alors âgés de sept et huit ans. Au début, c'était un bon plan.

Monter sur scène à Las Vegas a d'abord été excitant. Personne ne m'a laissé oublier que ma résidence représentait un grand moment dans l'histoire du Las Vegas Strip. On m'a raconté que mon spectacle avait fait revenir les jeunes à Sin City, et que ça avait changé le paysage du divertissement de Las Vegas au profit d'une nouvelle génération.

Les fans me transmettaient énormément d'énergie. Chaque soir, j'améliorais mon interprétation. J'ai retrouvé une grande partie de ma confiance en moi, et pendant un temps, tout allait bien – aussi bien que possible dans la mesure où j'étais toujours contrôlée d'une main de fer. J'ai commencé à sortir avec un producteur de télévision nommé Charlie Ebersol. Il aurait pu faire un bon mari : il prenait soin de lui, il était proche de sa famille, et je l'adorais.

Chaque jour, Charlie faisait de l'exercice physique, prenait des compléments alimentaires et une multitude de vitamines. Il partageait avec moi ses découvertes au sujet de la nutrition et s'est mis à me donner des compléments énergétiques.

Ça n'a pas plu à mon père. Il savait exactement ce que je mangeais – il savait même à quel moment je me rendais aux toilettes. Quand je me suis mise à prendre ces compléments, je suis devenue plus énergique sur scène ; j'avais retrouvé la forme. Pour moi, il était évident que le régime alimentaire de Charlie était une bénédiction. Mais mon père s'est imaginé que j'étais devenue accro à ces compléments, pourtant en vente libre, et non sur ordonnance. Non seulement il m'a sommée d'arrêter, mais il m'a envoyée en cure de désintoxication.

C'est lui qui a choisi le moment et la clinique. Partir en cure, cela signifiait que j'allais être séparée de mes enfants pendant un mois. Juste un mois. Après, ce serait terminé. Je m'accrochais à cette pensée.

La clinique se trouvait à Malibu. Ce mois-là, comme il n'y avait pas de salle de sport, si on voulait pratiquer la boxe ou d'autres formes d'exercice physique, il fallait le faire en extérieur.

De nombreuses personnes qui séjournaient à la clinique souffraient de graves addictions à la drogue. Là-bas, toute seule, j'avais peur. Au moins, on m'a autorisée à avoir un garde du corps avec qui j'allais déjeuner tous les jours.

J'avais du mal à accepter que mon père se fasse passer pour un type formidable et un grand-père dévoué alors qu'il me rejetait, me plaçait contre mon gré dans un endroit prévu pour les accros au crack et à l'héroïne. En un mot, il était horrible.

Quand je suis sortie de cure, j'ai repris les shows à Las Vegas comme si de rien n'était. En partie parce que mon père me l'avait ordonné, et en partie parce que j'avais toujours autant à cœur de bien faire et d'être accommodante.

Mon père continuait à me surveiller. Je ne pouvais pas conduire. Il fallait signer une décharge pour avoir le droit d'entrer dans mon car-loge. Tout était réglementé à l'extrême, tant et si bien que je n'arrivais plus à respirer.

Et j'avais beau enchaîner les régimes et multiplier les séances de sport, mon père persistait à me trouver grosse. Alors il m'a mise à la diète. Le pire, c'est qu'on avait un majordome – un vrai luxe. Très poliment, je le suppliais de me procurer un hamburger ou une glace en cachette. Tout aussi poliment, il me répondait qu'il était navré, mais qu'il avait reçu des instructions de mon père.

Pendant deux ans, donc, je n'ai quasiment rien mangé d'autre que du poulet et des légumes en conserve.

Deux ans, c'est long, quand on ne peut pas manger ce qu'on veut, surtout quand c'est votre corps et votre âme qui font vivre tout votre entourage. Deux ans à réclamer en vain des frites. J'ai trouvé cela profondément dégradant.

S'imposer un régime strict est déjà bien assez difficile. Mais quand c'est imposé par autrui, c'est encore pire. J'avais l'impression que mon corps ne m'appartenait plus. J'allais à la salle de gym mais je me sentais totalement déconnectée devant le coach. J'avais froid au fond de moi. J'avais peur. J'étais franchement malheureuse.

D'ailleurs, le régime s'est révélé totalement inefficace. Il a eu l'effet inverse de celui recherché : j'ai pris du poids. Même si je ne mangeais pas tant que ça, mon père s'évertuait à me faire croire que j'étais laide et pas à la hauteur. C'est dingue, le pouvoir de l'esprit : on finit par devenir ce qu'on pense être. J'étais tellement abattue que j'ai tout simplement abdiqué. Ma mère semblait accepter le programme que mon père m'avait réservé.

J'ai toujours trouvé incroyable qu'autant de gens se permettent de parler de mon corps. Ça avait commencé dès mon adolescence. Qu'il s'agisse d'inconnus dans les médias ou au sein de ma propre famille, les gens semblaient estimer que mon corps était une propriété publique : quelque chose qu'ils pouvaient policer, contrôler, critiquer ou utiliser à leur guise. Mon corps avait eu la force de porter deux enfants, il était assez agile pour exécuter à la perfection des mouvements de danse complexes sur scène. Pourtant, des tiers s'évertuaient à tenir le compte des calories que j'ingurgitais, dans le but de continuer à s'enrichir grâce à mon corps.

Visiblement, personne d'autre que moi ne trouvait scandaleux que mon père, qui m'imposait toutes ces règles, s'enfile de son côté quantité de whiskys-coca. Mes copines de passage se faisaient faire une manucure et buvaient du champagne de premier choix, tandis que moi, on ne me laissait même pas me rendre au spa. Ma famille séjournait régulièrement à Destin, jolie station balnéaire en Floride, dans un appartement magnifique que je leur avais offert. Là, ils s'empiffraient tous les soirs à table tandis que je mourais de faim et me tuais à la tâche.

Et ma sœur, de son côté, trouvait le moyen de faire la fine bouche devant chacun des cadeaux que j'avais faits à la famille.

Un jour, j'ai appelé ma mère en Louisiane pour lui demander quel était son programme pour le week-end. Elle m'a répondu qu'elle se rendait à Destin le lendemain avec les filles.

Jamie Lynn avait déclaré maintes fois qu'elle n'y mettrait jamais les pieds, que c'était une folie supplémentaire dans le lot de tout ce que j'avais pu leur acheter et dont elle n'avait jamais voulu entendre parler. Or, ma mère s'y rendait chaque week-end avec mes nièces.

Avant, j'étais ravie d'offrir des maisons et des voitures à ma famille. Mais mes proches ont fini par prendre ma générosité pour acquise. À aucun moment ils ne se sont rendu compte que c'était à mon talent qu'ils le devaient et qu'en me traitant comme ils le faisaient, ils étouffaient ma créativité.

On m'avait accordé une pension d'environ 2 000 dollars par semaine. Si j'avais envie d'une paire de baskets et que mes tuteurs estimaient que je n'en avais pas besoin, on me la refusait. Sachant que j'ai enchaîné 248 dates, vendu plus de 900 000 places pour mon spectacle à Las Vegas et que chaque date rapportait des centaines de milliers de dollars.

Un des rares soirs où je suis sortie dîner avec un ami et mes danseurs, j'ai voulu régler la note pour toute la table, car je voulais qu'ils sachent combien j'appréciais qu'ils travaillent tous si dur pour moi. L'addition s'élevait à mille dollars, on était très nombreux. Mon paiement a été refusé. Le compte de ma « pension » n'était pas suffisamment alimenté pour couvrir la dépense.

36

Une des rares choses à m'avoir consolée et donné de l'espoir à cette époque a été d'enseigner la danse à des enfants. Quand j'étais à Las Vegas, je donnais des cours dans un studio une fois par mois, et j'ai adoré cette expérience. J'ai enseigné à un groupe de quarante enfants de cinq à douze ans. Une fois de retour à Los Angeles, près de chez moi, je donnais des cours une fois tous les deux mois.

Ç'a été l'une des activités les plus amusantes de ma vie. C'était agréable de me trouver avec ces enfants qui ne me jugeaient pas. Dans le cadre de la tutelle, j'étais jugée en permanence. La joie et la confiance en eux des enfants ont quelque chose de contagieux. Leur énergie est savoureuse. Ils ont toujours envie d'apprendre. Être entouré d'enfants vaut tous les médicaments du monde.

Un jour, en faisant une pirouette, j'ai heurté la tête d'une toute petite fille avec ma main.

Je m'en voulais tellement que je me suis agenouillée face à elle. J'ai ôté une bague d'un de mes doigts, une de mes bagues préférées, et je lui ai donnée tout en lui demandant pardon.

— Miss Britney, vous en faites pas ! Je n'ai même pas eu mal.

Je voulais qu'elle sache que je me souciais d'elle, qu'elle me pardonne ma maladresse Et soudain, à genoux sur le parquet, je suis restée perplexe. Comment des gens chargés de ma santé n'avaient même pas pour moi la moitié des égards que j'avais pour cette petite fille ?

J'ai décidé de tenter le tout pour le tout pour échapper à la tutelle. Je me suis rendue au tribunal en 2014 et j'ai signalé que mon père était alcoolique, qu'il avait un comportement erratique, et j'ai demandé qu'on lui fasse passer des tests de dépistage pour la drogue et l'alcool. Après tout, c'était lui qui contrôlait ma fortune et ma vie. En vain. Cela n'a pas fait progresser le dossier. Le juge n'a rien voulu savoir.

J'ai même tenté une manœuvre digne d'un film d'espionnage pour essayer de changer d'avocat. J'ai évoqué la tutelle dans un talk-show en 2016, mais cette partie de l'interview a été coupée au montage. Comme par hasard.

Ma situation n'aidait en rien ma vie amoureuse. Après une dispute sans gravité, Charlie et moi avons fait preuve d'une telle obstination l'un et l'autre qu'on a arrêté de se parler. C'était tellement bête. Je boudais, comme une idiote, et lui était trop fier pour faire le premier pas.

C'est à ce moment-là que j'ai commencé à travailler avec deux auteurs-compositeurs géniaux, à savoir Julia Michaels et Justin Tranter. On se posait pour écrire ensemble. J'étais à fond. En treize ans de tutelle, c'est la seule activité à laquelle je me sois consacrée avec tout mon cœur. J'ai travaillé dur sur ces chansons, et ça m'a redonné confiance en moi. Quand on est doué pour quelque chose, parfois, on le sent. On se lance dans un projet et on a le sentiment d'assurer. C'était le cas pour l'écriture de cet album.

Quand il a été terminé, je l'ai joué à mes fils. Je leur ai demandé s'ils avaient des titres à me suggérer, car mes enfants ont beaucoup de flair pour tout ce qui a trait à la musique. C'est Sean Preston qui a trouvé : tout simplement *Glory*.

J'ai suivi son conseil. C'était très important pour moi que mes enfants soient fiers de cet album, et je sentais que je pouvais en être fière moi aussi. Cela faisait longtemps que je n'avais pas connu une telle sensation.

Le clip de « Make Me » est sorti en 2016, et pour accompagner sa sortie, je suis allée me produire sur la scène des VMA pour la première fois depuis 2007.

La première fois que j'ai vu Hesam Asghari sur le plateau de tournage de mon clip pour le titre « Slumber Party », j'ai tout de suite su que je le voulais dans ma vie. Ça a été un vrai coup de foudre. Au début de notre relation, l'alchimie entre nous deux était extraordinaire. On n'arrêtait pas de se toucher. Il disait que j'étais sa lionne.

Les tabloïds n'ont pas tardé à raconter qu'il me trompait – on ne sortait ensemble que depuis deux semaines ! On est restés ensemble. Ma flamme se ravivait.

Puis, mon père a décidé qu'il devait me renvoyer une fois de plus en cure parce que je prenais toujours en cachette mes compléments énergétiques (qui, je le rappelle, sont en vente libre). Dans sa grande bonté, il a autorisé une hospitalisation de jour tant que je me rendais quatre fois par semaine aux Alcooliques anonymes.

Au début, j'ai eu tendance à rechigner, mais les femmes que j'ai rencontrées sur place ont commencé à m'inspirer. Plus j'écoutais leurs témoignages et plus je les trouvais formidables. Leurs histoires étaient bouleversantes. Durant ces réunions, j'ai découvert une symbiose que jusque-là je n'avais jamais trouvée ailleurs. Et donc, dans un premier temps, ça m'a vraiment plu. Mais certaines filles ne venaient pas systématiquement. Elles avaient le droit de décider à quelles réunions elles voulaient assister, alors qu'on ne me laissait pas le choix. Les amies que je me suis faites là-bas n'y allaient que deux fois par semaine, ou bien elles allaient à une réunion un matin et à une autre le soir. Moi, on ne m'autorisait même pas à changer de planning d'une semaine à l'autre. Quoi qu'il advienne, les mêmes réunions étaient inscrites au programme de chaque semaine – et je n'avais pas mon mot à dire.

***

Après une série de concerts éprouvants, je suis rentrée chez moi, où m'attendaient mes fils, mon assistante et mes parents. Mon père m'a aussitôt rappelé que c'était l'heure de ma réunion. J'ai tenté de négocier pour rester à la maison afin de regarder un film avec les garçons, chose que je n'avais jamais pu faire avec eux à Las Vegas, arguant que je n'avais jamais raté une seule réunion. Je me disais qu'on pourrait préparer du pop-corn et passer un bon moment ensemble. Il a insisté. J'ai regardé ma mère avec l'espoir qu'elle prendrait ma défense, mais elle a détourné le regard.

À ce moment-là, j'ai eu l'impression de me trouver dans une secte dont mon père était le gourou. Tous me traitaient comme si j'étais sous son emprise.

Pourtant, j'avais travaillé dur. Et sur scène, j'avais assuré ! Les années suivantes, cette phrase allait tourner en boucle dans ma tête, chaque fois que je dépasserais les objectifs qui m'avaient été fixés et que, malgré ça, on ne me rendait toujours pas ma liberté.

J'avais tout donné. J'avais respecté le programme imposé – à savoir, grosso modo, quatre semaines de travail, quatre semaines de repos. Quand je travaillais, je donnais trois shows de deux heures par semaine. Ajoutons à cela quatre réunions hebdomadaires des Alcooliques anonymes, deux heures de thérapie, plus trois heures d'exercice, les *meet-and-greets* avec les fans et trois représentations… J'étais en plein burn-out. Et je voulais reprendre la main sur mon destin.

***

Une coiffeuse a aperçu mon emploi du temps par hasard et s'en est affolée. Elle avait deux petites filles, elle était très maternelle et je l'aimais beaucoup. Je lui ai demandé si, selon elle, c'était trop.

— C'est plus que trop. C'est de la folie pure, m'a-t-elle répondu.

Puis elle s'est penchée vers moi comme si elle avait un secret à me révéler.

— Pour rester créative, il faut garder du temps pour soi. Ce sont ces moments-là qui nous aident à nous recentrer. Passe-les à regarder un mur si c'est ça qui te chante. Mais ne les néglige surtout pas, a-t-elle ajouté.

Ses conseils ont dû remonter aux oreilles de mon père car, dès le lendemain, quelqu'un d'autre s'occupait de mes cheveux.

Je n'ai plus jamais revu cette coiffeuse.

37

Nous les filles, en tant qu'artistes de scène, on a un atout que n'ont pas les garçons : nos cheveux. Mais attention, il faut qu'ils soient longs et détachés. Les mecs adorent qu'on secoue notre crinière. Tant qu'elle bouge, ils se disent que vous passez un bon moment.

Durant les pires heures de ma résidence à Las Vegas, je portais des perruques très serrées, et je dansais de manière à ce que mes cheveux restent en place. Tous les gens qui vivaient à mes crochets voulaient que je bouge mes cheveux, et je le savais pertinemment, alors je faisais le contraire.

Je me rends compte qu'en me refrénant sur scène pour me venger de mes bourreaux, je punissais tout le monde – y compris mes fans les plus fidèles, y compris moi. Maintenant, je sais pourquoi j'ai été comme une somnambule pendant l'essentiel de ces treize dernières années : j'étais traumatisée.

C'était ma façon de me rebeller, même si j'étais la seule à le savoir. Et donc, je ne bougeais pas mes cheveux dans tous les sens, je ne flirtais pas avec le public, j'étais tout en retenue. J'exécutais les pas et je chantais les notes, mais je n'y mettais aucun cœur. Diminuer mon niveau d'énergie sur scène a été ma version personnelle d'un ralentissement de cadence.

Je ne me sentais plus capable d'atteindre le degré de liberté que j'avais connu auparavant. C'est pourtant notre privilège d'artiste – choisir librement qui on est, ce qu'on fait. Or, sous tutelle, je n'étais pas libre. Je voulais être une femme qui évoluait dans le monde. Mais sous tutelle, je ne pouvais pas être une femme du tout.

Avec *Glory*, les choses se sont déroulées différemment. Quand les singles sont sortis, je me suis plus investie dans mes performances. Je me suis remise à porter des talons hauts. Et ça se voyait. Surtout quand je me lâchais un peu sur scène et que je m'autorisais à redevenir une vraie star. Et c'est dans ces moments aussi que je me sentais vraiment portée par le public.

En assurant la promotion de *Glory*, j'ai commencé à me sentir plus en phase avec moi-même. Cette troisième année à Las Vegas, j'ai retrouvé un peu de mon enthousiasme. J'ai enfin mesuré à quel point c'était magique de jouer tous les soirs à Sin City, avec la spontanéité du public. Je n'ai sans doute pas donné le meilleur de moi-même, mais certaines parties de moi se sont peu à peu réveillées. Et j'ai pu rétablir le lien entre l'artiste et son public.

J'ai du mal à expliquer à ceux qui n'ont jamais mis les pieds sur une scène ce que cela fait de sentir le courant passer entre votre corps et celui des spectateurs. La seule illustration qui me vienne à l'esprit, c'est celle de l'électricité. On se sent vibrer. Un courant d'énergie se transmet à la foule avant de vous revenir, et ainsi de suite, en boucle. J'avais été longtemps en pilotage automatique : il me restait à peine assez de jus pour continuer à bouger.

Lentement mais sûrement, je me suis remise à croire en mes capacités. Je n'en ai d'abord parlé à personne, j'ai gardé ça pour moi. Comme quand, petite fille, je me réfugiais dans mon monde pour me préserver de l'enfer familial, à Las Vegas, désormais adulte, et cependant moins libre que lorsque j'étais enfant, j'ai commencé à m'évader dans un nouveau rêve : retrouver ma liberté et renouer avec l'artiste que je savais sommeiller en moi.

Soudain, tout me paraissait possible. Hesam et moi sommes devenus si proches qu'on a commencé à parler d'avoir un enfant. J'avais la trentaine, l'horloge tournait.

Au début de la tutelle, j'étais submergée de rendez-vous médicaux. À raison d'une douzaine par semaine, les médecins qui consultaient à domicile s'enchaînaient. Et pourtant, mon père ne m'a pas laissé prendre rendez-vous chez le docteur pour me faire retirer mon stérilet.

Quand la tutelle a été mise en œuvre, tout était réglé au millimètre, avec des gardes du corps. Ma vie a été totalement bouleversée. Certes plus sécurisée pour ma personne physique, mais pour ma créativité et ma joie de vivre, ça a été un vrai désastre. Beaucoup de gens affirment que cette mise sous tutelle m'a sauvé la vie. C'est faux. Tout dépend de quel point de vue on se place. Ma musique, c'était toute ma vie, et la tutelle lui a été fatale. On avait réduit mon âme en miettes.

Avant la tutelle, j'enregistrais en coup de vent. Durant la tutelle, toute une équipe notait à quel moment je me rendais aux toilettes du studio d'enregistrement.

À la fin de la tutelle, j'ai lu que mon père et Robin de Tri Star, la société de Lou Taylor, avaient demandé à Black Box, l'agence de sécurité à laquelle ils avaient fait appel, d'intercepter et de passer en revue tous les appels et textos émis et reçus depuis mon portable, y compris les messages privés que j'échangeais avec mon petit copain, mon avocat de l'époque et mes propres enfants. Pire : mon père avait demandé l'installation d'un micro chez moi pour pouvoir m'espionner. À mon propre domicile ! Tout ceci faisait partie de leur dispositif pour me contrôler.

Adolescente, j'avais quitté le domicile familial sans regret car je détestais l'ambiance qui y régnait. Je me souviens de ces moments où, enfant, je descendais implorer ma mère en pleine nuit d'arrêter de crier sur mon père qui comatait, ivre mort, dans son fauteuil. J'y repensais à présent, lors de mes insomnies. Dire que ces gens étaient à nouveau responsables de moi ! Comment en étais-je arrivée là ?

Tout en fixant le plafond, à 4 heures du matin, dans le silence environnant, je me jurais de tout faire pour briser mes chaînes.

38

Cette troisième année à Las Vegas, j'ai senti se réveiller en moi une force que je n'avais pas éprouvée depuis très longtemps. Je devais battre le fer pendant qu'il était chaud.

Une fois que j'ai commencé à me réconcilier avec moi-même, mon corps, mon cœur et mon âme n'ont plus supporté la tutelle. Et d'ailleurs mon cœur m'a fait comprendre qu'il n'allait plus tenir le coup.

Mes parents m'avaient convaincue que j'étais incorrigible et folle à lier, ce qui arrangeait bien leurs affaires. Mais ça a brisé mon esprit. Ils ont éteint ma flamme. Pendant toute une décennie, je me suis sous-estimée. Toutefois, en mon for intérieur, leurs mensonges me faisaient hurler. Il faut comprendre la détresse dans cette situation – la détresse et la colère.

Après mes concerts, cela me rendait dingue de voir mes parents boire et s'éclater alors qu'on me refusait une gorgée de whisky-coca ! Aux yeux du public, j'avais l'air d'une vraie star avec mes super tenues et mes talons hauts – alors pourquoi ne m'autorisait-on aucun plaisir ? On était à Sin City, oui ou merde ?

En entrant dans cette nouvelle phase de ma vie de femme, j'ai commencé à rechercher des exemples de femmes fortes. Reese Witherspoon a été un modèle pour moi. Elle est sympa, adorable, même, et aussi d'une intelligence redoutable.

Lorsqu'on cesse de se voir comme quelqu'un qui n'existe que pour faire le bonheur des autres et qu'on reconnaît qu'on a des droits, ça change tout. J'ai compris que je pouvais suivre l'exemple de Reese, être à la fois gentille et ferme, et j'ai changé de regard sur moi-même.

Quand vous avez habitué votre entourage à vous taire et que vous vous mettez à leur dire leurs quatre vérités, ils s'inquiètent immédiatement. J'avais l'impression d'être soudain leur pire cauchemar. Désormais, j'étais une reine, et j'ai commencé à dire ce que je pensais. Je les imaginais s'inclinant devant moi. J'ai senti ma force revenir à plein régime.

Je savais quel comportement adopter. Subir ce type d'emploi du temps m'avait rendue très solide. Je n'avais plus d'autre choix que de m'imposer et je pense que le public l'a perçu. Exiger d'être respectée en dit long. Et donc, quand mes tuteurs m'ont fait comprendre qu'il fallait vraiment que je sois bête pour refuser une date supplémentaire contre un peu de temps libre, je me suis révoltée. Je ne devais plus me faire avoir, et qu'ils ne s'imaginent pas que j'allais encore tomber dans le panneau !

La dernière date de la résidence était programmée le 31 décembre 2017. J'avais hâte qu'elle se termine. Je n'en pouvais plus de faire le même spectacle depuis des années. Je n'arrêtais pas de demander un remix ou un nouveau morceau – n'importe quoi qui viendrait rompre la monotonie.

Je prenais de moins en moins de plaisir à monter sur scène. Je ne ressentais plus la passion de chanter que j'avais connue adolescente. Personne ne semblait tenir compte de mes envies. Les autres décidaient de tout à ma place. Le message qu'on ne cessait de me répéter, c'était que seuls leurs avis avaient de l'importance ; le mien ne comptait pas. Je n'étais sur terre que pour me produire sur scène à leur demande, pour leur rapporter de l'argent.

Vous parlez d'un gâchis ! En tant qu'artiste, j'avais toujours tiré une grande fierté de ma musique, mais là, vous ne pouvez pas imaginer à quel point cela me rendait folle qu'ils ne me laissent même pas modifier mon spectacle. On disposait de plusieurs semaines de battement entre chaque série de représentations à Las Vegas. Quand je pense à tout le temps qu'on a perdu… J'avais envie de remixer mes musiques et d'offrir quelque chose de neuf et d'excitant à mes fans. Quand j'ai voulu interpréter mes chansons préférées, comme « Change Your Mind » ou « Get Naked », ils m'en ont empêchée. J'avais l'impression qu'ils préféraient que je sois embarrassée plutôt que de me laisser donner le meilleur de moi-même à mes fans tous les soirs, ce qu'ils méritaient amplement. Au lieu de ça, qu'il pleuve ou qu'il vente, je devais refaire le même spectacle, les mêmes routines, les mêmes chansons, les mêmes arrangements. Le show n'avait pas changé depuis un bon moment. Je n'en pouvais plus, je voulais le faire évoluer pour offrir une nouvelle expérience électrisante à mes merveilleux spectateurs si fidèles. Je n'essuyais que des refus.

Une telle paresse, c'est vraiment dingue. Que devaient penser mes fans ? J'aurais aimé pouvoir leur dire que je voulais leur en donner beaucoup plus. Passer des heures dans un studio à faire des remixes avec un ingénieur du son, j'adorais ça. Pourtant ils m'ont dit qu'ils ne pouvaient pas intégrer de remix à cause des codes informatiques du spectacle, ça obligerait à tout recommencer. Eh bien, soit ! Ils n'avaient qu'à tout recommencer. Je suis connue pour apporter du sang neuf, sauf qu'ils refusaient systématiquement.

J'ai insisté, mais tout ce qu'ils avaient à m'offrir, c'était de passer ma nouvelle chanson préférée en fond pendant que je me changeais en coulisses à toute vitesse. Et encore, à les écouter, ils me faisaient une fleur !

Mais je connaissais mon job. Je savais parfaitement qu'on avait toute latitude pour faire évoluer le spectacle. Mon père était aux commandes, et cette histoire de remix n'était pas une priorité pour lui, c'est tout. Si rien ne changeait, c'était uniquement parce que lui et ses associées n'en avaient pas envie. En chantant des versions si datées, je me sentais vieille. J'avais envie de nouveaux sons, de nouveaux mouvements. Aujourd'hui, je me dis qu'en réalité, ça devait leur faire peur que ce soit moi la star. Au lieu de ça, c'est mon père qui était responsable de la star. Moi.

Quand j'ai tourné les clips pour les singles de *Glory*, je me suis de nouveau sentie libre et légère. Cet album m'a rappelé ce que c'était d'interpréter de nouvelles chansons et à quel point j'en avais besoin.

Lorsqu'on m'a appris que j'allais recevoir le tout premier Radio Disney Icon Award un an après la sortie de *Glory*, j'étais aux anges. Je pensais y emmener les garçons, porter une jolie robe noire et on allait beaucoup s'amuser.

Mais une fois assise au milieu du public à assister à une interprétation d'un medley de mes chansons, j'ai été traversée par des sentiments contradictoires. Au moment où Jamie Lynn a fait une apparition surprise pour reprendre un extrait de « Till the World Ends » et pour me remettre mon prix, je ne savais plus où j'en étais.

Je repensais au concert exceptionnel que j'avais donné pour *In the Zone*. C'était une version remaniée spécialement pour la chaîne ABC. J'avais passé une semaine à répéter, et j'avais chanté plusieurs chansons inédites. On m'avait filmée magnifiquement. Je me suis éclatée comme quand j'étais gosse. Je crois bien que ce spectacle compte parmi ce que j'ai fait de mieux. L'esprit de *Cabaret* planait sur une reprise sensuelle de « … Baby One More Time », puis pour « Everytime », j'étais dans une belle robe blanche. C'était tout simplement merveilleux. J'avais trouvé ça incroyable d'être arrivée à ce stade de ma carrière, libre de jouer ma musique, à ma façon, avec un tel niveau créatif.

J'étais là pour recevoir l'Icon Award lors des Radio Disney Music Awards, et pourtant, bien qu'honorée par les performances, j'étais furieuse. Devant moi, trois chanteuses et ma sœur proposaient des nouveaux arrangements que je réclamais depuis treize ans, et elles s'amusaient avec mes chansons. Et moi, je devais rester assise là à sourire.

39

Avant la mise sous tutelle, quand mon ami et agent Cade m'appelait pour me proposer un road trip, je ne lui laissais pas le temps de me dire où on allait que j'étais déjà dans la voiture. À cette époque-là, quand j'avais envie de monter le volume pendant un spectacle, je m'assurais poliment, mais fermement, que l'ingénieur du son le faisait. Si on m'emmerdait, tout le monde était au courant. J'étais un peu *badass* ! Alors qu'en résidence à Las Vegas, je me contentais de sourire, de hocher la tête et de redonner le même spectacle chaque soir, telle une poupée mécanique.

Je tenais le coup uniquement parce que je savais que j'allais partir en vacances avec mes enfants. Mais quand *Glory* est sorti, j'ai dû continuer ma tournée et je les ai emmenés avec moi, ce qui n'amusait personne. Alors l'année suivante, j'avais vraiment besoin de ces vacances.

Les traditions comptent beaucoup pour moi. Ce qu'on préfère faire, avec mes enfants, c'est d'aller à Maui, prendre un bateau et nous aventurer sur l'Océan. On ne va pas se mentir, c'est surtout bon pour ma santé mentale.

— Si ça rapporte beaucoup d'argent, on pourra faire deux tournées, et puis on partira en vacances tout l'été, m'a proposé mon équipe.

C'était super, ça me convenait parfaitement.

Plusieurs mois se sont écoulés. La résidence allait enfin se terminer en décembre 2017. J'avais enchaîné des centaines de shows.

Alors que j'étais en train de me changer dans ma loge entre deux morceaux, quelqu'un de mon équipe m'a informée que je partais en tournée juste après la fin de Las Vegas.

— On ne peut pas s'en tenir à Las Vegas, il faut terminer par une tournée cet été.

— Ce n'est pas ce qui était convenu, j'avais prévu d'emmener mes enfants à Maui.

La conversation s'est vite envenimée. Un membre de mon équipe a fini par lancer que si je ne faisais pas ces spectacles, cela se terminerait devant les tribunaux puisque j'avais signé un contrat. J'ai compris qu'ils étaient en train de me menacer. Ils savaient pourtant à quel point me retrouver au tribunal serait une souffrance.

Puis je me suis calmée. Si ça ne durait que quelques semaines, ce ne serait pas si terrible. Ensuite, j'aurais toujours droit à quelque chose ressemblant vaguement à un été. On pourrait aller à Maui un peu plus tard.

Je prenais mes rêves pour la réalité. La tournée a été un enfer. Je sais que les danseurs pensaient la même chose. On était coincés plus que jamais par les conditions fixées par mon père. Rien que pour quitter la pièce, il fallait prévenir les gardes du corps deux heures à l'avance.

Et en plus, on étouffait toujours ma créativité, je continuais les mêmes vieux numéros. On ne me laissait pas remixer mes chansons. On aurait pu faire évoluer le show et proposer quelque chose de bien, qui aurait eu l'air nouveau pour le public, mais aussi pour les danseurs et moi. C'est la seule concession que je demandais, et encore une fois, elle m'a été refusée. Parce que si je parvenais à prendre le contrôle de mon spectacle, les gens se rendraient compte que je pouvais très bien me passer de la tutelle de mon père. Je pense qu'au fond de lui, ça lui plaisait bien que je me sente rabaissée. Ça lui donnait du pouvoir.

Quand je suis enfin rentrée chez moi, j'ai fondu en larmes à la seule vue de mes chiens – c'est vous dire s'ils m'avaient manqué. J'ai commencé à programmer un voyage avec les garçons pour rattraper le temps perdu. Mon équipe m'a informée qu'elle m'accordait trois semaines, ensuite je devais répéter pour un nouveau spectacle à Las Vegas.

Trois semaines seulement, alors que j'étais censée avoir tout l'été pour moi.

J'avais détesté cette tournée. Et on ne m'accordait décidément aucun répit.

40

J'entendais déjà la clameur de la foule. Des centaines de personnes s'étaient rassemblées dehors, ce jour d'octobre 2018. Des hordes de fans se massaient devant le nouvel hôtel Park MGM à Las Vegas en tenues coordonnées et tenant des drapeaux frappés de la lettre B. Sur scène, les danseurs portaient des tee-shirts sur lesquels on pouvait lire BRITNEY. Les annonceurs assuraient des diffusions en direct, pour exciter leurs abonnés. Des lasers clignotaient. Un écran géant diffusait des scènes de mes clips. La *dance music* était à fond. Des personnes ont défilé en chantant à tue-tête des paroles telles que « My loneliness is killing me ! » tirées de « Baby One More Time ».

Et puis les lumières se sont éteintes.

L'acteur Mario Lopez, qui était là pour présenter le show, s'est emparé du micro.

— Nous sommes réunis ici pour accueillir la nouvelle reine de Las Vegas...

Une musique retentissante a commencé – un extrait de « Toxic ». Des éclairages incroyables ont illuminé le Park MGM pour donner l'impression que le bâtiment avait le cœur qui battait. Enchaînement avec un medley d'autres titres, des projections d'une fusée, d'un hélicoptère, d'un chapiteau de cirque et d'un serpent dans le Jardin d'Éden. Des flammes se sont allumées dans les travées entourant la scène ! Je me suis alors élevée au niveau du podium sur un monte-charge, saluant et souriant dans une petite robe noire moulante avec des découpes d'étoiles, des pompons, et mes cheveux blonds extra-longs.

— ... Mesdames et Messieurs, a poursuivi Mario Lopez, Britney Spears !

J'ai descendu les marches en talons hauts au son de « Work Bitch » et j'ai signé quelques autographes pour les fans. Mais là j'ai fait quelque chose de totalement inattendu.

J'ai dépassé les caméras.

J'ai marché jusqu'à un SUV, je suis montée dedans et je suis partie.

Je n'ai rien dit. Je n'ai pas chanté une seule note. Si vous regardiez, à ce moment-là, vous vous êtes probablement demandé ce qui se passait.

Ce que vous n'avez pas vu, c'est mon père et son équipe qui essayaient de me forcer à annoncer le spectacle. Je ne voulais pas l'annoncer, ils le savaient.

Quand je chantais « Overprotected » des années plus tôt, je ne savais pas ce qu'était la surprotection. J'ai vite saisi de quoi il s'agissait, car une fois que je leur ai bien fait comprendre que je n'avais aucune intention de poursuivre Las Vegas, ma famille m'a fait disparaître.

41

Les vacances approchaient, et je me sentais assez bien. Même si j'avais peur que mon père me prépare un mauvais coup, j'étais forte et inspirée par les femmes que j'avais rencontrées aux Alcooliques anonymes. Elles étaient formidables et pleines de bon sens – j'ai beaucoup appris d'elles, pour affronter le monde avec courage et sincérité.

Pour mon anniversaire, Hesam m'a emmenée dans un endroit pas comme les autres. J'ai commencé à faire un programme pour les vacances, mais mon père insistait pour prendre les garçons à Noël. Si je voulais les voir, il faudrait que je le voie lui aussi. Quand j'ai protesté, mon père m'a dit que les garçons n'avaient pas envie d'être avec moi cette année. Ils iraient en Louisiane avec lui, je n'avais pas mon mot à dire.

Était-ce vraiment leur souhait ? Si oui, première nouvelle ! Pourtant j'ai informé mon père que, si c'était ce qu'ils voulaient, je ferais avec.

***

Le spectacle de Las Vegas n'avait pas encore été annulé. J'avais embauché de nouveaux danseurs et je passais les enchaînements en revue. Un jour, j'étais en train de bosser avec l'ensemble des danseurs – les nouveaux comme les anciens – quand l'un de ceux qui avaient travaillé sur le spectacle ces quatre dernières années a fait un mouvement devant nous. J'ai grimacé – ça m'avait l'air extrêmement difficile.

— Je n'ai pas envie de faire ce mouvement-là, c'est trop dur.

Pour moi, c'était sans importance. Soudain, mon équipe et les metteurs en scène ont disparu pour aller s'enfermer dans une pièce. J'ai eu l'impression d'avoir commis une faute grave. J'avais quand même cinq ans de plus qu'au début de la résidence, et mon corps avait changé. Modifier un peu l'enchaînement n'aurait pas tiré à conséquence.

L'ambiance me paraissait plutôt bonne. Je souffre de phobie sociale, alors quand il y a un malaise, je suis généralement la première à le sentir. Mais ce jour-là, tout semblait aller bien. Je riais et je parlais avec les danseurs. Certains nouveaux arrivaient à faire des *gainers*, autrement dit un salto arrière tout en continuant d'avancer. Ils étaient incroyables ! Je leur ai demandé si quelqu'un voulait bien me l'apprendre, et l'un d'entre eux s'est immédiatement proposé. On jouait et on communiquait, tout se passait bien entre nous. Cependant le comportement de mon équipe m'inquiétait : quelque chose se tramait.

Le lendemain, en thérapie, mon médecin m'a interrogée.

— On a trouvé des compléments énergétiques dans votre sac.

On pouvait se procurer ces compléments sans ordonnance, ils me redonnaient à la fois force et confiance en moi. Il savait parfaitement que j'en prenais pendant mes spectacles à Las Vegas, mais soudain, ça devenait une affaire d'État.

— On ne peut s'empêcher d'imaginer que vous prenez bien pire dans notre dos. Et on n'a pas l'impression que vous allez bien durant les répétitions, et tout le monde en pâtit.

— C'est une blague ? ai-je demandé.

Ma colère est montée d'un coup. J'avais fait tellement d'efforts. J'étais si rigoureuse dans mon travail.

Le thérapeute m'a informée qu'on allait m'envoyer dans une clinique, et qu'avant de me rendre là-bas, durant les vacances de Noël, une femme me ferait passer des tests psychologiques.

Une femme médecin snobinarde – je l'avais vue à la télé et elle m'avait déplu instinctivement – est venue chez moi, contre mon gré. Elle me faisait asseoir, et elle testait mes capacités cognitives pendant plusieurs heures.

Mon père m'a soutenu que, d'après ce médecin, j'avais échoué aux tests, et que je devais être internée en service psychiatrie. Que quelque chose ne tournait pas rond chez moi. Mais je ne devais pas m'inquiéter : ils m'avaient trouvé un petit programme de remise sur pied à Beverly Hills qui me coûterait seulement 60 000 dollars par mois – une véritable aubaine !

J'ai fait mes bagages en pleurant. J'ai demandé pour quelle durée je devais prévoir mes affaires, combien de temps j'allais y rester. Aucun moyen de le savoir. Ça pouvait durer un mois, deux, peut-être trois, cela dépendait de mes résultats aux tests qui apporteraient la preuve de mes capacités. Il s'agissait d'une cure soi-disant « de luxe ». Le programme avait été créé spécialement pour moi : je serais seule. Ainsi, je n'aurais à interagir avec personne.

— Et si je refuse d'y aller ? ai-je demandé.

— Ça se terminera au tribunal, et ce sera embarrassant pour toi. On va te faire passer pour une abrutie, et crois-moi, t'as aucune chance de gagner. Il vaut mieux que ça soit moi qui te dise d'y aller plutôt que ce soit un juge qui te l'ordonne au tribunal.

C'était clairement une forme de chantage, il cherchait à me rabaisser. J'avais l'impression qu'on voulait me tuer. Je ne m'étais jamais opposée à mon père pendant toutes ces années ; je n'avais jamais rien refusé à qui que ce soit. Ce jour-là, dans cette pièce, mon refus a vraiment exaspéré mon père.

Ils m'ont forcée à y aller. J'étais au pied du mur, je n'avais pas le choix. Si je ne coopérais pas, je savais à quoi m'en tenir. Alors, autant en finir rapidement.

Sauf que ça ne s'est pas fini. Une fois sur place, je n'ai plus eu le droit de repartir, même si je n'arrêtais pas de supplier le personnel.

Je suis restée enfermée contre mon gré pendant des mois.

42

Les médecins m'ont séparée de mes enfants, de mes chiens et m'ont éloignée de ma maison. Je ne pouvais pas sortir. Je ne pouvais pas conduire. On me faisait une prise de sang chaque semaine. Je ne pouvais pas prendre un bain dans l'intimité. Je ne pouvais pas fermer la porte de ma chambre. On m'observait, même lorsque je me changeais. Je devais me coucher à 21 heures. On me surveillait quand je regardais la télé dans mon lit, de 20 à 21 heures.

Je devais me lever tous les matins à 8 heures. J'avais cinq heures de rendez-vous par jour.

Je passais plusieurs heures assise pour une thérapie obligatoire. Entre deux séances, je tuais le temps en regardant par la fenêtre, à suivre le ballet des voitures – tous ces véhicules qui charriaient thérapeutes, gardes du corps, médecins et infirmières. Je crois que ce qui m'a fait le plus de mal, c'était de voir tous ces gens aller et venir alors qu'on m'empêchait de partir.

On m'assurait que c'était pour mon bien. Pourtant je me suis sentie abandonnée là-bas, même si tous affirmaient qu'ils étaient là pour m'aider, je n'ai jamais réussi à comprendre ce que ma famille attendait de moi. J'ai fait tout ce qu'on me demandait.

Mes enfants venaient passer une heure avec moi le week-end. Mais si je n'appliquais pas le programme à la lettre, on ne m'autorisait plus à les voir.

L'une des rares personnes à m'avoir appelée, c'est Cade. En sa compagnie, paradoxalement, je me sentais à la fois en sécurité et en danger. Il était hospitalisé au Texas suite à une piqûre de scorpion. La bestiole s'était fourrée dans son lit. Sa jambe avait tellement gonflé qu'elle faisait la taille d'un ballon de basket.

En voyant sa jambe sur mon téléphone en FaceTime, j'ai cru que c'était une blague. C'était effroyable. Ce coup de fil de Cade a été l'une des rares vraies distractions durant cette période, et je ne les remercierai jamais assez, lui et ce scorpion texan.

Les psys m'interrogeaient des heures, et pas loin de sept jours par semaine.

Pendant des années, j'ai pris du Prozac, mais à l'hôpital ils m'ont fait arrêter sans prendre le temps de me sevrer et ils m'ont mise sous lithium, un médicament dangereux que je n'avais pas envie de prendre et dont je n'avais pas besoin – il vous abrutit et vous rend léthargique au plus haut point. Je perdais la notion du temps ainsi que mes repères. Sous lithium, parfois, je ne savais pas où j'étais, ni même qui j'étais. Mon cerveau ne fonctionnait plus comme avant. Et je savais que le lithium était le médicament qu'on avait prescrit à ma grand-mère Jean, qui avait fini par se suicider, quand elle était internée à l'hôpital de Mandeville.

Pendant ces mois, les gardes du corps qui m'accompagnaient depuis si longtemps se comportaient comme si j'étais une criminelle.

Pour mes prises de sang, le laborantin qui me piquait était entouré d'une infirmière, d'un garde du corps et de mon assistante.

Mais enfin, est-ce que j'étais une cannibale ? Est-ce que j'avais braqué une banque ? Est-ce que j'étais un animal sauvage ? Pourquoi me traitait-on comme si j'étais sur le point de mettre le feu à la clinique et de tous les tuer ?

Ils vérifiaient ma tension trois fois par jour, même si j'étais loin d'être octogénaire. Et ils prenaient leur temps. On me faisait asseoir. On m'enfilait le brassard. On pompait lentement… trois fois par jour. Alors que moi, pour ne pas perdre la tête, j'ai besoin de bouger. Bouger, c'était mon quotidien de danseuse. C'était le secret de ma santé. Ça me manquait et j'en crevais. Mais on me maintenait sur ce siège pendant mille ans. Une vraie torture.

Mon angoisse se répandait jusque dans mes pieds, mon cœur et mon cerveau. On ne me donnait aucune occasion de brûler cette énergie.

Quand votre corps bouge, il vous rappelle que vous êtes vivant. C'est tout ce dont j'avais envie. Et cela m'était interdit. Résultat, j'avais l'impression d'être à moitié morte. Détruite.

À force de passer des heures assise, j'ai pris des fesses – à tel point que je ne rentrais plus dans mes shorts. Je ne reconnaissais plus mon corps. Je faisais des cauchemars terrifiants plus vrais que nature, où je courais dans une forêt. J'avais tellement envie de me réveiller.

Si, en me plaçant là-bas, l'idée était de me soigner, c'était raté. J'étais comme un oiseau sans ailes. Lorsqu'on est enfant, parfois, on court les bras tendus, et avec la force de l'air, durant quelques instants, on a l'impression de voler. Voilà ce que j'avais envie d'éprouver. Au contraire, je m'enlisais un peu plus chaque jour.

J'ai suivi le programme pendant deux mois à Beverly Hills. C'était infernal, j'étais la star de mon propre film d'horreur – j'en regarde parfois, j'ai vu *Conjuring : les dossiers Warren*. Après ces mois passés dans ce centre de soins, je n'ai plus peur de rien. Sincèrement, plus rien ne m'effraie.

Je suis probablement la femme la moins craintive à l'heure actuelle, pourtant ça me rend triste. Je ne devrais pas être si forte. Ces mois passés là-bas m'ont endurcie. Et je regrette la jeune fille délurée de Kentwood. À bien des égards, ce séjour à l'hôpital a brisé ma personnalité.

Après deux mois dans le même bâtiment, j'ai été transférée dans un autre, dirigé par la même équipe. Mais dans celui-là, je n'étais plus seule. Même si d'habitude je préfère la solitude, après les semaines dans ma cellule d'isolement et sous lithium, je me réjouissais d'être entourée d'autres patients. On était ensemble toute la journée. Le soir, chacun était laissé seul dans sa chambre individuelle – les portes se fermaient dans un bruit étouffé.

La première semaine, l'une des patientes est venue dans ma chambre.

— Pourquoi est-ce que tu cries si fort ?

— Oh, mais je ne crie pas, ai-je répondu, perplexe.

— Tu hurles, tout le monde t'entend.

— Il n'y a même pas de musique ici, lui ai-je fait remarquer après un rapide coup d'œil autour de moi.

J'ai appris par la suite qu'elle avait des hallucinations auditives. N'empêche : ça m'a fait flipper.

Ensuite, une très jolie nana est arrivée et elle est tout de suite devenue populaire. C'était comme au lycée : elle était la pom-pom girl et moi, la pauvre fille démoralisée. Elle séchait toutes les réunions.

Même si la plupart des gens étaient complètement cinglés, j'ai beaucoup aimé la plupart d'entre eux. Une fille fumait de fines cigarettes que je n'avais encore jamais vues. Elle était craquante, tout comme ses cigarettes. Son père venait la voir le week-end. Tandis que ma famille à moi m'avait abandonnée là et avait repris le cours de sa vie.

Un jour, cette fille m'a abordée.

— Je t'ai vue regarder mes cigarettes. Tu en veux une ?

— Avec plaisir !

Je pensais qu'elle ne me le proposerait jamais ! J'ai donc fumé ma première cigarette Capri avec elle et quelques autres résidentes.

De rares personnes souffrant de troubles alimentaires étaient affreusement maigres. Moi-même, je ne mangeais pas tant que ça. Entre le peu que j'avalais et la quantité de sang que je donnais pour les bilans, je m'étonnais de ne pas dépérir.

Dieu a dû me porter durant cette période. Au bout de ces mois d'isolement, je craignais que le cœur de ma personnalité, tout ce qui faisait de moi Britney, ait pris congé de mon corps. Quelque chose de plus fort a dû m'aider, car c'était trop dur à supporter pour moi toute seule.

Et si j'ai survécu, je me dis que ce n'était pas moi, c'était Dieu.

43

Le plus difficile c'était qu'avec les médecins et les visiteurs je devais faire croire que tout allait bien. Si je m'agitais, c'était la preuve que mon état ne s'améliorait pas. Si je m'énervais et que je m'exprimais, alors j'étais timbrée et hors de contrôle.

Ça m'a rappelé ce test auquel on procédait au Moyen Âge pour déterminer si une femme était une sorcière. On jetait la femme en question dans une mare. Si elle flottait, c'est qu'il s'agissait d'une sorcière et on la tuait. Si elle se noyait, eh bien elle était innocente, et bon… Dans un cas comme dans l'autre, elle était morte, mais j'imagine qu'à leurs yeux, il valait mieux être fixé sur le type de femme qu'elle avait été.

Au bout de quelques mois, j'ai appelé mon père pour le supplier de me laisser rentrer chez moi.

Il a répondu qu'il était désolé, c'était à la juge de décider de mon sort. Et ça dépendait des médecins. Lui ne pouvait rien pour moi.

Le plus étrange, c'est qu'avant de me retrouver dans cet endroit, mon père m'avait fait parvenir un collier de perles accompagné d'une magnifique carte de vœu pour Noël. Je me suis demandé pourquoi il agissait ainsi, et surtout pour qui il se prenait.

Alors que depuis des années il disait face caméra – que ce soit au moment du clip « Work Bitch », au tout début de la tutelle ou quand on faisait la tournée Circus – que sa priorité, c'était moi et les garçons.

Devant les caméras, j'étais sa petite fille chérie qu'il aimait tant. Coincée dans un car-loge avec Lou et son étrange comparse Robin, que je haïssais à ce stade, je l'écoutais raconter à qui voulait l'entendre à quel point il était un père formidable.

Mais quand je refusais la nouvelle résidence à Las Vegas, quand je décalais les dates des tournées, est-ce que j'étais toujours sa petite fille chérie ? Apparemment, non.

Par la suite, un avocat m'apprendrait que mon père aurait tout à fait pu mettre un terme à mon hospitalisation. Il aurait pu s'opposer aux médecins et demander à laisser rentrer sa fille chez elle. Il s'est bien gardé de le faire.

J'ai appelé ma mère pour lui demander pourquoi tout le monde se comportait comme si j'étais un danger public. Elle n'a pas su quoi répondre.

J'ai aussi échangé des messages avec ma sœur quand j'étais là-bas, et je l'ai suppliée de me sortir de là. Elle m'a conseillé de me résigner, ça ne servait à rien de lutter.

Et voilà qu'elle me traitait comme une menace, elle aussi. À un moment, j'ai cru qu'ils allaient essayer de me tuer. C'est dingue, mais c'est la vérité.

Je n'ai pas compris comment Jamie Lynn et notre père avaient pu se rapprocher autant. Alors qu'elle savait qu'il me harcelait. Elle aurait dû prendre mon parti.

Une copine habilleuse rencontrée pendant ma résidence à Las Vegas me confierait par la suite :

— Britney, j'ai fait trois ou quatre cauchemars quand tu étais dans ce centre. Je me réveillais au milieu de la nuit. J'ai rêvé que tu mettais fin à tes jours dans cet endroit. Et que Robin, cette femme qui se faisait passer pour une assistante dévouée, m'appelait et me disait : « Effectivement, elle est morte là-bas. »

Ma copine s'était inquiétée pour moi pendant tout ce temps.

Plusieurs semaines après le début de mon séjour, je me débattais pour garder espoir quand l'une des infirmières, la seule à avoir les pieds sur terre, m'a appelée pour me montrer quelque chose sur son ordinateur. J'ai jeté un œil à son écran et j'ai essayé de comprendre. Des femmes dans un talk-show parlaient de moi et de la tutelle. L'une d'entre elles portait un tee-shirt #FreeBritney (« #LibérezBritney »). L'infirmière m'a aussi passé des extraits d'autres vidéos – des fans essayaient de déterminer si j'étais retenue quelque part contre mon gré, évoquant tout ce que ma musique représentait pour eux et à quel point ils détestaient l'idée que je souffre. Ils voulaient m'aider.

Rien qu'en faisant ça, ils m'ont aidée. Ce que l'infirmière voyait à ce moment-là, tout le personnel de l'hôpital s'en rendait compte aussi. Un médecin a fini par remarquer que dans le monde entier, des gens se demandaient pourquoi j'étais toujours enfermée. On ne parlait que de ça aux infos.

De même que j'arrive à savoir ce que ressent quelqu'un à des kilomètres, mon lien avec mes fans les a aidés inconsciemment à comprendre que j'étais en danger. Il y a une connexion entre nous, où que nous nous trouvions. Même si je n'avais rien dit en ligne ou dans la presse au sujet de mon isolement, mes fans semblaient être au courant.

C'était incroyable, de les voir défiler dans les rues en scandant : « Libérez Britney ! » Je sais que ça en a fait rire certains. Avec les tee-shirts roses portant mon nom, ils se sont demandé quelle pouvait bien être cette cause mystérieuse.

S'ils avaient su ce que je traversais et compris le lien qui nous unissait, mes fans et moi, je doute que ça les aurait fait rire. Car, en effet, j'étais retenue contre mon gré. Et j'attendais depuis longtemps de savoir si les gens se souciaient que je vive ou que je meure.

Sans les liens qui nous unissent, que nous reste-t-il ? Et quel meilleur moyen d'en établir que par le biais de la musique ? Tous ceux qui se sont exprimés en ma faveur m'ont aidée à survivre durant cette année difficile, et le travail qu'ils ont fourni m'a permis de regagner ma liberté.

Les gens n'ont pas su ce que le mouvement #FreeBritney signifiait pour moi, surtout au début. Vers la fin, lors des audiences au tribunal, voir des personnes prendre mon parti a beaucoup compté pour moi. Mais au début, ça m'a touchée au cœur, d'autant plus que je n'allais pas bien. Pas bien du tout. Mes amis et mes fans ont senti ce qui se passait et ils ont remué ciel et terre pour moi – j'aimerais leur rendre au centuple. Si vous m'avez défendue quand je ne pouvais pas le faire moi-même : du fond du cœur, merci.

44

Quand je suis enfin rentrée chez moi et que j'ai retrouvé mes enfants et mes chiens, j'étais aux anges.

Et devinez qui a souhaité venir me rendre visite la première semaine où j'étais de retour ?

Ma famille.

Mon père m'a dit qu'ils étaient très fiers de moi. Je m'en étais sortie, et maintenant ils avaient tous envie de rester avec moi. À ce stade, je n'étais plus dupe, je savais très bien qu'ils avaient surtout hâte de voir mon argent.

Ils ont tous débarqué : mon père, ma mère, ma sœur et ses deux filles, Maddie et Ivey.

J'étais repliée sur moi-même. Toujours sous lithium, ce qui rendait ma perception du temps assez floue. Et j'avais peur. Ça m'a traversé l'esprit qu'ils ne venaient me rendre visite que pour terminer le boulot, pour me tuer pour de bon. Si ça vous semble relever de la paranoïa, réfléchissez à tout ce que j'avais déjà traversé – la façon dont ils m'avaient trompée et internée.

J'ai donc joué le jeu. Si j'étais gentille avec eux, ils n'essaieraient plus de me tuer.

Pendant trois mois et demi, j'ai à peine eu droit à un témoignage d'affection.

J'en ai les larmes aux yeux, tellement il m'a fallu être forte.

Pourtant ma famille est arrivée chez moi comme si de rien n'était. Alors que je venais de vivre quelque chose de traumatisant. Jamie Lynn, d'un air enjoué, m'a demandé comment j'allais.

Ma mère, ma sœur et ses filles passaient leur temps dans ma cuisine. Jamie Lynn avait prévu toute une série de rendez-vous dans des émissions de télé durant son séjour à Los Angeles. Mon père l'accompagnait à Hollywood, et quand elle rentrait, elle était toujours d'humeur joyeuse. On n'entendait qu'elle. Elle s'adressait aux garçons d'une voix forte, leur demandant ce qu'ils avaient à raconter quand elle les apercevait.

Elle avait vraiment trouvé son énergie vitale. Je m'en réjouissais. Mais je n'avais pas particulièrement envie de passer du temps avec elle.

En revenant d'un énième rendez-vous, et alors que je m'affalais, quasi comateuse, sur le plan de travail, elle m'a parlé d'une idée géniale pour elle et moi. Un talk-show entre sœurs ! Chaque fois qu'elle ouvrait la bouche, elle avait un nouveau projet. Un jour c'était une sitcom ; un autre, une romcom !

C'était un vrai moulin à paroles. Quant à moi, je l'écoutais en regardant par terre. Et une phrase tournait en boucle dans ma tête : « Mais qu'est-ce que c'est que ce cirque ? »

Une fois ma famille repartie, j'ai pris la mesure de ce que j'avais traversé. Et il ne me restait plus que de la rage aveugle. Ils m'avaient punie, mais pour quel motif ? Sûrement parce que c'est moi qui les entretenais depuis l'âge de dix-sept ans.

Comment avais-je réussi à ne pas mettre fin à mes jours dans cet endroit horrible, histoire d'abréger mes souffrances comme on abat un cheval boiteux ? Je suis persuadée que n'importe qui d'autre ou presque, à ma place, l'aurait fait.

Je me suis mise à pleurer, en songeant que j'avais quand même été à deux doigts de commettre l'irréparable. Et puis, quelque chose m'a secouée et sortie de ma torpeur.

En août de cette année-là, mon père s'est disputé avec Sean Preston, qui avait treize ans à l'époque. Mon fils est allé s'enfermer dans sa chambre, mon père a fracassé la porte et il l'a bousculé. Kevin a porté plainte, et mon père n'a plus eu le droit de voir les enfants.

Je devais rassembler mes forces pour le dernier round. La route avait été longue. Pour trouver la foi et la perdre de nouveau. Pour tomber puis finir par me relever. Pour retrouver la liberté et la voir me glisser immédiatement entre les doigts.

Si j'avais été suffisamment forte pour survivre, je pouvais prendre un risque et demander encore un peu d'aide à Dieu. Avec ce qui me restait d'énergie, j'allais demander la fin de ma tutelle.

Je ne voulais plus que ces gens dirigent ma vie.

Je ne voulais plus les voir dans ma cuisine, ni même en photo.

Je ne voulais plus qu'ils aient le pouvoir de m'éloigner de mes enfants, de ma maison, de mes chiens ou de ma voiture. Plus jamais.

Si vraiment j'avais des pouvoirs magiques, alors qu'ils me servent à mettre fin à tout ça.

45

Pour que je puisse retrouver ma liberté, les gens devaient comprendre que j'étais toujours une personne bien réelle. C'était la première étape, et je savais pouvoir y arriver en partageant davantage ma vie sur les réseaux sociaux. J'ai commencé à poser avec de nouveaux vêtements sur Instagram. Je m'amusais énormément. Même si certains en ligne trouvaient ça bizarre, je m'en fichais. Quand on a été sexualisée toute sa vie, ça fait du bien d'avoir le contrôle absolu à la fois sur sa garde-robe et sur l'appareil photo.

J'ai essayé de relancer ma créativité en suivant des vidéastes et des musiciens sur Instagram. Un type faisait des vidéos assez psychédéliques – l'une d'elles se résumait à un écran couleur rose bonbon traversé par un tigre blanc avec des rayures roses. Ça m'a donné envie de créer quelque chose, en m'amusant un peu avec une chanson. Au tout début, j'ai ajouté un rire de bébé. Je trouvais le son nouveau.

Hesam m'a conseillé de le retirer. J'ai suivi son conseil, mais peu après un autre compte a posté une vidéo avec un bébé qui riait. J'étais verte de jalousie. Ces rires de bébé inquiétants, j'en avais eu l'idée la première, ça aurait dû être mon truc ! Les artistes sont des gens bizarres, quand même.

À cette époque, un paquet de monde dans l'industrie croyait que j'avais perdu la tête. J'aimais mieux passer pour folle et faire ce que je voulais plutôt qu'être un bon petit soldat et devoir me censurer. Et sur Instagram, je voulais affirmer mon existence.

Je m'entendais rire plus souvent – j'adorais les comédiennes et comédiens de stand-up tels qu'Amy Schumer, Kevin Hart, Sebastian Maniscalco et Jo Koy. J'ai un immense respect pour leur sens de la repartie et leur intelligence, leur façon de se servir de la langue pour se mettre dans la peau des autres et les faire rire. C'est un don. Les écouter exprimer leur vraie personnalité m'a rappelé que je pouvais le faire aussi, quand je publiais des vidéos ou un simple post sur les réseaux sociaux. C'est l'humour qui m'a empêchée d'être consumée par l'amertume.

J'ai toujours admiré ceux qui ont de l'esprit dans le monde du show-biz. Le rire est le remède à tous les maux.

Il arrive que les gens ricanent car ce que je poste est naïf ou étrange, ou quand je deviens méchante si je parle de personnes qui m'ont fait du mal.

Cela a peut-être été le début d'une révélation féministe. Ce que je suis en train de dire, c'est que le mystère de ma véritable personnalité joue en ma faveur, car personne ne la connaît !

Mes enfants se moquent parfois de moi, et quand ils le font, ça ne me gêne pas.

Ils m'ont aidée à changer de point de vue sur le monde. Depuis leur plus jeune âge, ils voient les choses différemment, et ils sont tous les deux très créatifs. Sean Preston est un vrai premier de la classe – c'est un garçon extrêmement doué. Jayden a un don incroyable pour le piano – il me donne des frissons.

Avant la pandémie, ils venaient dîner chez moi deux ou trois fois par semaine, et c'était toujours un régal. Ils me parlaient de leurs réalisations formidables et m'expliquaient ce qui les faisait vibrer.

Si l'un d'eux m'invite à regarder un tableau qu'il a peint, je leur fais part de ce que j'y vois et ils me poussent alors à l'observer d'un autre œil. Et je remarque encore plus de détails. J'admire leur profondeur et leur caractère, leur talent et leur gentillesse.

Alors qu'on franchissait le cap d'une nouvelle décennie, tout semblait retrouver du sens.

Et puis le Covid est arrivé.

Pendant les premiers mois de confinement, je suis devenue encore plus casanière. J'ai passé des jours, des semaines assise dans ma chambre à écouter des audiolivres de développement personnel, à regarder les murs ou à fabriquer des bijoux. Je m'ennuyais à mourir. Quand j'en ai eu marre de ces bouquins, je suis passée aux romans. Je dévorais tout ce qui me tombait sous la main classé dans la rubrique « Fiction » – en particulier les ouvrages lus avec un accent britannique.

Mais à l'extérieur, les gardes du corps imposés par mon père continuaient de suivre ses règles à lui. Un jour, je suis allée à la plage et j'ai enlevé mon masque. La sécurité a accouru pour m'engueuler. J'ai été punie, privée de sortie pendant plusieurs semaines.

À cause de son emploi du temps professionnel et des règles imposées par les quarantaines, Hesam n'était pas avec moi.

Je me sentais si seule que j'ai fini par regretter mes parents.

Alors j'ai appelé ma mère pour lui dire que j'avais envie de les voir. Elle m'a répondu qu'ils étaient en train de faire les courses, qu'elle me rappellerait plus tard.

J'attends encore…

Les règles du confinement étaient différentes en Louisiane, et ils étaient toujours en vadrouille. J'ai renoncé à les avoir au téléphone et je me suis rendue sur place. On les sentait tellement plus libres, là-bas.

Pourquoi est-ce que je persistais à leur adresser la parole ? Je ne saurais dire. Pourquoi s'enferme-t-on dans des relations toxiques ? En réalité, je les craignais encore, et je ne voulais pas faire de vagues. Mon père était toujours Britney Spears aux yeux de la loi, et il ne ratait jamais une occasion de me le rappeler – même si j'espérais que ça prendrait bientôt fin.

C'est durant cette période avec ma famille que j'ai appris qu'ils avaient profité de mon séjour en hôpital psychiatrique pour se débarrasser d'une grande partie de ce que je stockais chez ma mère. Ma collection de poupées Madame Alexander avait disparu. Ainsi que trois ans de mes écrits. J'avais un classeur rempli de poèmes qui avaient une grande valeur sentimentale pour moi. Plus aucune trace.

Quand j'ai vu les étagères vides, j'ai été gagnée par une immense tristesse. J'ai songé aux pages que j'avais écrites à travers les larmes. Je n'ai jamais envisagé de les faire publier, mais elles comptaient pour moi. Et ma famille les avait jetées à la poubelle, tout comme ils m'avaient jetée moi.

Je me suis ressaisie, j'allais m'acheter un nouveau carnet et recommencer. J'ai traversé de nombreuses épreuves. Si je suis vivante aujourd'hui, c'est parce que je sais ce qu'est la joie.

Il était temps de retrouver Dieu.

À cet instant, j'ai fait la paix avec ma famille – j'entends par là que je ne voulais plus les voir. Et j'étais en paix ainsi.

46

L'avocat commis d'office qui m'accompagnait depuis treize ans ne m'avait jamais servi à grand-chose, mais durant la pandémie, j'ai essayé de l'utiliser à mon avantage. Avec la régularité d'un métronome, je me suis adressée à lui deux fois par semaine, uniquement pour étudier les options qui s'offraient à moi. Je me demandais si c'était pour moi qu'il travaillait ou pour Lou et mon père.

Comme il éludait la question, j'ai compris qu'à ses yeux je ne savais pas ce que je faisais. Mais moi, j'étais déterminée à aller jusqu'au bout pour en finir, et il ne fallait pas compter sur lui. Il ne pouvait plus rien faire pour moi. Je devais reprendre la main.

En public, j'étais restée discrète sur la question, mais au fond de moi je priais pour que ça se termine. Et quand je dis prier, c'est à prendre au sens littéral.

***

Alors le soir du 22 juin 2021, de ma maison en Californie, j'ai appelé la police et signalé mon père pour tutelle abusive.

C'était particulièrement difficile de rester aussi longtemps dans l'incertitude entre le moment où j'ai riposté et celui où la tutelle a été enfin levée. Je ne savais pas comment tout ça allait se terminer. Durant cette période, je ne pouvais rien refuser à mon père, et j'avais l'impression que chaque jour un nouveau documentaire m'était consacré sur une plateforme de streaming. C'est comme ça que j'ai appris que ma sœur allait sortir un livre.

J'étais toujours sous la coupe de mon père. Je ne pouvais rien dire pour me défendre. J'avais envie d'exploser.

J'avais du mal à regarder les documentaires qui m'étaient consacrés. Je sais bien que ça partait d'une bonne intention, mais ça m'a fait mal de découvrir que certains vieux amis avaient parlé aux réalisateurs sans me consulter. J'étais choquée que des personnes en qui j'avais confiance s'expriment devant les caméras. Je ne comprenais pas comment ils pouvaient parler de moi dans mon dos comme ça. Si ç'avait été le cas pour une amie, je l'aurais appelée afin de m'assurer qu'elle était d'accord pour que je parle d'elle.

Tous spéculaient sur ce que j'avais dû penser ou ressentir à tel ou tel moment.

47

« Madame Spears ? Vous pouvez vous exprimer en toute liberté. »

La voix grésillait à travers le téléphone. J'étais dans mon salon. C'était un après-midi d'été ordinaire à Los Angeles.

Le 23 juin 2021, j'allais enfin m'exprimer auprès d'un tribunal judiciaire de Los Angeles au sujet de la tutelle. Et je savais que le monde entier écoutait. Je m'y préparais depuis des jours, mais alors que le moment était arrivé, je me sentais dépassée. J'avais demandé que l'audience soit ouverte au public, et des millions de gens allaient m'entendre.

Ma voix. Elle était partout dans le monde entier – à la radio, à la télé, sur internet –, mais j'avais refoulé tant d'aspects de ma personnalité. On s'était servi de ma voix pour et contre moi tellement souvent que j'avais peur que plus personne ne la reconnaisse maintenant que je m'exprimais librement. Et s'ils affirmaient que j'étais folle ? Si on m'accusait de mentir ? Si je ne disais pas ce qu'il fallait et que tout s'effondrait ? J'avais rédigé de nombreuses versions de cette déclaration. J'avais tenté de l'aborder sous mille angles, de bien m'y prendre pour exprimer ce que j'avais sur le cœur, pourtant à ce moment-là, je me sentais terriblement nerveuse.

Entre deux accès de panique, je me suis souvenue qu'il restait des choses auxquelles je pouvais m'accrocher : mon envie que les gens comprennent ce que j'avais traversé. Mon espoir que tout pouvait changer. Ma croyance en mon droit de connaître la joie. Ma certitude que je méritais d'être libre.

Cette sensation profonde, et qui résonnait si fort, que la femme en moi avait encore suffisamment de forces pour se battre pour une cause juste.

Je me suis tournée vers Hesam, qui était assis à côté de moi sur le canapé. Il a pris ma main dans la sienne.

Et, pour la première fois depuis une éternité, j'ai commencé à raconter mon histoire.

Voici ce que j'ai dit au juge :

— Quand je racontais partout que j'allais bien et que j'étais heureuse, je mentais. C'était faux. Je me disais qu'à force de le répéter je finirais par m'en persuader, parce que je vivais dans le déni. [...] Mais aujourd'hui, j'ai envie de dire la vérité. Je ne suis pas heureuse. Je ne dors plus. Je suis tellement en colère que ça me rend folle. Et je suis déprimée. Je pleure tous les jours.

Puis j'ai ajouté :

— Je ne bois pas une goutte d'alcool. Pourtant, il y aurait de quoi, vu ce que j'ai enduré.

Et j'ai conclu :

— J'aimerais pouvoir rester en ligne éternellement, parce que, dès que j'aurai raccroché, je sais que ça va recommencer : je n'entendrai plus que des « non ». Et je me sens menacée, harcelée, et je me sens négligée, et seule. Et j'en ai assez de me sentir seule. J'ai les mêmes droits que n'importe qui, avoir un enfant si je veux, fonder une famille, toutes ces choses-là, et plus encore. Voilà tout ce que j'avais à vous dire. Merci infiniment de m'avoir laissé parler aujourd'hui.

Je parvenais à peine à respirer. C'était la première occasion qui m'était donnée de prendre la parole en public depuis longtemps et un véritable flot de paroles avait jailli de ma bouche. J'attendais de savoir sur quel ton la juge allait répondre. J'espérais deviner ce qu'elle pensait. Voici ce qu'elle a déclaré :

— Je tiens simplement à vous faire savoir que je suis sensible à tout ce que vous venez de nous dire ainsi qu'à votre état d'esprit. Je sais qu'il vous a fallu beaucoup de courage pour vous exprimer aujourd'hui, et je veux que vous sachiez que le tribunal apprécie que vous ayez témoigné et partagé ce que vous ressentez.

J'ai éprouvé un immense soulagement, comme si, au bout de treize ans, quelqu'un m'avait enfin écoutée.

J'ai toujours bossé très dur. J'ai supporté d'être rabaissée pendant longtemps. Mais lorsque ma famille m'a placée dans cette clinique, ils ont dépassé les bornes.

On me traitait comme une criminelle. Et ils ont voulu me laisser croire que c'était mérité. Ils ont fait en sorte que je perde ma confiance en moi et que j'oublie ce que je valais.

Entre tout, le pire a été d'ébranler ma foi. Je n'ai jamais eu d'opinion arrêtée sur la religion, je savais juste qu'il existait quelque chose qui nous dépasse. Pourtant j'ai cessé de croire en Dieu un moment lorsque ma famille s'est comportée ainsi. Mais alors, quand la tutelle a pris fin, je me suis rendu compte d'une chose : il ne faut pas faire chier une femme qui sait prier. Vraiment prier. Je n'ai fait que prier.

48

Pendant treize ans, on m'avait menti. Le monde entier était au courant que j'avais besoin d'un nouvel avocat, et j'en étais arrivée au même constat. Il était temps que je reprenne le contrôle de ma vie.

Je me suis adressée à l'équipe qui m'accompagne sur les réseaux sociaux et à mon ami Cade pour m'aider à en trouver un. C'est à ce moment-là que Mathew Rosengart a rejoint l'équipe, et il a été génial. Ancien procureur fédéral de premier plan, travaillant pour un grand cabinet d'avocats, il comptait déjà un certain nombre de célébrités parmi sa clientèle, dont Steven Spielberg et Keanu Reeves, et avait une solide expérience des affaires difficiles. On s'est entretenus plusieurs fois au téléphone et puis on s'est rencontrés début juillet dans le petit pavillon qui jouxte ma piscine. Une fois Mathew dans mon camp, j'ai senti que j'étais presque au bout du tunnel. Quelque chose devait se passer. Cet immobilisme ne pouvait plus durer. Mais évidemment, comme il s'agit du système judiciaire, il a fallu faire preuve de patience et de stratégie.

Il était consterné qu'on m'ait refusé mon propre avocat pendant si longtemps. D'après lui, même les plus grands criminels avaient le droit de choisir leurs propres avocats, et le harcèlement le dégoûtait. J'étais contente – je considérais mon père, Lou et Robin comme des tyrans et je ne voulais plus qu'ils occupent la moindre place dans ma vie.

Dans un premier temps, Mathew pensait déposer une requête pour retirer la tutelle à mon père. Après quoi, ce serait plus simple de tenter d'obtenir la fin de la tutelle tout court. Quelques semaines plus tard, le 26 juillet, il a déposé une demande pour destituer mon père de son rôle de tuteur. À l'issue d'une grosse audience au tribunal le 29 septembre, mon père se l'est vu retirer. Mathew n'a même pas eu le temps de m'appeler du tribunal qu'on ne parlait déjà plus que de ça aux infos.

Je n'ai pas les mots pour décrire mon soulagement. L'homme qui me terrorisait enfant et me régentait adulte, qui avait sapé ma confiance, ne pouvait plus contrôler ma vie.

Mon père écarté, il fallait agir vite. Mathew a déposé une requête pour réclamer la levée définitive de la tutelle.

Je me trouvais dans une station balnéaire à Tahiti en novembre quand il m'a informée que nous avions obtenu gain de cause. Il m'a appelée dès sa sortie de l'audience. Il m'avait promis au moment de mon départ que je me réveillerais bientôt en femme libre pour la première fois depuis treize ans. C'était chose faite. J'étais libre. Pourtant, j'ai eu du mal à y croire.

Même si c'est sa stratégie qui nous a valu la victoire, il m'en attribuait le mérite. En livrant mon témoignage, je m'étais libérée et j'avais probablement aidé d'autres personnes victimes de tutelles abusives. Alors que mon père s'était attribué les mérites de tout ce que je faisais pendant des années, il était important que cet homme me dise que c'était moi qui avais fait la différence.

Car il s'agissait enfin de ma propre vie.

Être ainsi sous contrôle m'avait mise tellement en colère pour toutes les personnes qui n'ont pas leur mot à dire sur leur propre destin.

Après la fin de la tutelle, j'ai posté sur Instagram :

« Je suis infiniment reconnaissante pour chaque jour qui passe [...] je ne suis pas là pour jouer les victimes. [...] J'ai côtoyé des victimes toute mon enfance. C'est pour cela que je suis partie de chez moi. Et que j'ai travaillé d'arrache-pied pendant vingt-quatre ans [...] Avec un peu de chance, mon histoire ne restera pas lettre morte et fera évoluer ce système corrompu. »

Depuis ce coup de fil, je me reconstruis au jour le jour. J'essaie d'apprendre à m'occuper de moi, et à m'amuser, aussi.

En vacances à Cancún, j'ai pu faire du jet-ski. Des années plus tôt, j'avais adoré. La dernière fois que j'en avais fait, c'était à Miami avec les garçons. J'avais trop accéléré parce que j'essayais de les suivre. Ces enfants sont presque dangereux sur un jet-ski ! Ils vont extrêmement vite et font des bonds. Surfant sur les vagues derrière eux, je tapais dur sur la mer – boum, boum, boum – et en retombant, je m'étais blessée au bras.

Comme je ne souhaitais pas revivre ça, en mai 2022 j'ai demandé à mon assistante de conduire à ma place. Je préférais. Ainsi, je profitais encore plus des vrombissements du moteur, du grand air et de l'eau bleue limpide. Et je pouvais aller exactement à la vitesse que je voulais.

C'est le genre de choses que je fais pour le moment – j'essaie de m'amuser et de prendre soin de moi, de prendre la vie comme elle vient, à mon rythme. Et, pour la première fois depuis longtemps, de m'autoriser de nouveau à faire confiance.

Chaque jour, j'écoute de la musique. Lorsque je marche dans ma maison en chantant, je me sens complètement libre, à l'aise dans mes baskets, heureuse comme tout. Peu importe que ça soit juste. Chanter me donne confiance en moi et me rend forte comme faire du sport ou prier. (N'oubliez pas que votre langue est votre glaive.) Tout ce qui accélère votre rythme cardiaque est bon pour vous. La musique, c'est ça, et une connexion avec Dieu en plus. C'est là que mon cœur se sent à sa place.

Quand j'avais accès à un studio à plein temps à Malibu, j'adorais m'y rendre régulièrement. J'ai même créé six chansons en une journée. C'est quand je travaille pour moi que la musique est à son niveau le plus pur. Un jour, je reprendrai certainement un studio juste pour m'amuser, mais là je ne songeais plus du tout à enregistrer.

J'ai changé d'avis grâce à un chanteur que j'ai toujours admiré : Sir Elton John. C'est l'un de mes artistes préférés. On avait fait connaissance à une soirée des Oscars il y a environ dix ans et on s'était très bien entendus. Il m'a contactée par un message vidéo d'une grande gentillesse, me demandant si cela m'intéresserait de collaborer sur un de ses tubes les plus iconiques. « Hold Me Closer » devait être une version modernisée en duo de « Tiny Dancer », avec quelques éléments d'autres chansons à lui aussi.

C'était un tel honneur pour moi. Elton John avait lui aussi traversé tant d'épreuves, sous le feu des projecteurs. Il fait preuve d'une compassion incroyable. Quel homme admirable à tous niveaux !

Ce qui donnait encore plus de poids à cette collaboration, c'est qu'enfant, en Louisiane, j'écoutais « Tiny Dancer » pendant les trajets en voiture pour assister à mes cours de danse et de gymnastique.

Sir Elton a été adorable. Il a tout fait pour me mettre à l'aise. Quand on a fini par trouver une date pour enregistrer la chanson, je me suis rendue au home studio du producteur à Beverly Hills.

Le studio se trouvait au sous-sol. Je n'avais jamais vu pareille configuration : il était complètement ouvert avec des guitares, des pianos, des consoles et tout le matériel installé. J'étais nerveuse – le monde allait entendre ma voix pour la première fois en six ans sur quelque chose de nouveau – mais je croyais en moi et en cette chanson.

Devant le micro, j'ai accéléré le tempo, et je me suis mise à chanter. En quelques heures, on avait fini. J'avais enregistré un duo avec l'un de mes artistes préférés sur l'une de mes chansons préférées, j'étais excitée, angoissée et à fleur de peau les semaines qui ont précédé la sortie.

Avant la tutelle, je montais sur scène et tout le monde me regardait pour que je donne le top départ. Je levais mon index pour signifier : « C'est parti. » Sous la tutelle, c'était à moi d'attendre le signal. On me disait :

— On te fera savoir quand on sera prêts.

On me traitait comme un animal de foire. J'avais horreur de ça.

Durant ces treize ans, on m'avait habituée à me sentir presque trop fragile, trop peureuse. C'est ce qui m'en a coûté de me retrouver sous tutelle. Ils m'ont privée d'une grande partie de ma féminité, de mon glaive, de ce qui me caractérise, de ma voix, de ma capacité à leur dire d'aller se faire foutre. Et je sais que ça sonne un peu faux, mais il y a quelque chose de capital là-dedans : ne sous-estimez pas votre force.

« Hold Me Closer » est sorti le 26 août 2022. Le 27, on était déjà n° 1 dans quarante pays. Je n'étais pas arrivée en tête des classements depuis bientôt dix ans, et de tous les singles sortis durant cette période, c'est celui qui est y resté le plus longtemps. Grâce à mes décisions artistiques. Et en pleine possession de mes moyens. Les fans ont dit que j'avais une voix fabuleuse sur ce morceau. C'est angoissant de partager son travail avec le monde entier. Mais d'après mon expérience, ça en vaut toujours la peine. Enregistrer « Hold Me Closer » et le sortir dans le monde entier a été une expérience fantastique. Ce n'était pas super : c'était extraordinaire.

Ma carrière musicale n'est pas ma priorité à l'heure actuelle. J'ai surtout besoin de remettre de l'ordre dans ma vie spirituelle, de prêter attention aux petites choses de la vie, de ralentir la cadence. Je ne dois plus me conformer au désir des autres. Il est temps de me retrouver.

En vieillissant, je me suis mise à apprécier les moments passés seule. C'était génial d'être artiste de scène, mais au cours des cinq dernières années, ma passion pour le direct face au public s'est émoussée. Je ne le fais que pour moi. Je ressens davantage la présence de Dieu quand je suis seule.

Certes, je ne suis pas une sainte, mais je le connais bien.

J'ai un gros travail d'introspection à faire. Je sens que ça va être enrichissant et je m'en réjouis déjà. Le changement a du bon. Nous prions ensemble, Hesam et moi. Je l'admire : il fait du sport avec une constance admirable, il s'efforce toujours d'être quelqu'un de bien, de rester en forme, de prendre soin de moi et de m'apprendre à prendre soin l'un de l'autre.

Il m'inspire énormément, et je l'en remercie. La fin de la tutelle est tombée pile au bon moment pour notre relation ; nous avons pu construire une nouvelle vie ensemble, sans restrictions, et convoler en justes noces. Notre mariage a été la parfaite illustration de ce que nous avons traversé et de notre envie de faire le bonheur l'un de l'autre.

Le jour où la tutelle a pris fin, j'étais en proie à de multiples émotions : le choc, le soulagement, l'euphorie, la tristesse et la joie.

Je me sentais trahie par mon père, et hélas aussi par le reste de ma famille. Ma sœur et moi aurions dû nous apporter un réconfort mutuel. Malheureusement, ça n'a pas été le cas. Alors que je me battais contre la tutelle et que je recevais beaucoup d'attention des médias, elle écrivait un livre en exploitant le filon. Elle débitait des histoires salaces à mon sujet, dont beaucoup étaient blessantes et scandaleuses. J'étais franchement mal, et elle tirait profit de la situation.

Des sœurs devraient tout de même pouvoir confier leur peur ou leur vulnérabilité sans que cela serve plus tard de preuve d'instabilité.

Je suis persuadée qu'elle ne mesurait pas ce que j'ai traversé. Apparemment, elle estimait que ça a été facile pour moi avec toute la célébrité qui m'est tombée dessus si jeune, et elle m'en voulait pour mon succès et tout ce qui allait avec.

Jamie Lynn, elle aussi, a clairement souffert dans notre foyer. Elle a grandi en tant qu'enfant de divorcés, ce qui n'a pas été mon cas. Elle n'a sans doute pas été très soutenue par nos parents, et je sais que ça a été dur d'essayer de chanter, de jouer la comédie et de se faire une place dans l'ombre d'une sœur qui récoltait l'attention de toute la famille, et du monde entier. Pour toutes ces raisons, je suis de tout cœur avec elle.

Ma sœur ne se rend pas bien compte de la misère dans laquelle on vivait avant sa naissance. Grâce à tout l'argent que j'ai rapporté à la famille, elle ne s'est jamais sentie démunie face à notre père, comme ma mère et moi l'avions été dans les années 80. Quand on n'a plus rien, la douleur s'accentue. Il n'y a pas d'échappatoire. Ma mère et moi avons dû supporter la laideur et la violence sans envisager un autre endroit où aller.

Elle sera toujours ma sœur, je l'aime, et sa magnifique famille aussi. Je leur souhaite tout le bonheur du monde. Elle en a bavé, entre la grossesse précoce, le divorce et l'accident dans lequel sa fille a failli perdre la vie.

Elle a raconté qu'elle avait souffert de grandir dans mon ombre. Je travaille à transformer ma colère à son égard en compassion sincère. Il en va de même pour tous ceux qui m'ont trahie. Ce n'est pas facile. Il m'est arrivé de rêver que June me racontait qu'il savait qu'il avait fait du mal à mon père, lequel m'a ensuite fait du mal. Je sentais son amour et je pouvais dire qu'il avait changé de camp. J'espère qu'un jour, j'arriverai à me sentir mieux en songeant aux autres membres de ma famille.

Ma rage se manifeste physiquement, essentiellement par des migraines.

Je ne consulte pas de médecin quand je fais une crise. À force d'enchaîner les consultations avec des spécialistes pendant toutes ces années, j'ai fini par développer une phobie de la profession médicale. Alors je prends les choses en main toute seule. Pour ce qui est des migraines, je n'aime pas en parler parce que je suis superstitieuse – je crains qu'elles ne me viennent encore plus si je m'étends sur le sujet.

Quand j'en ai une, impossible de m'exposer à la lumière ou de bouger. Je reste immobile dans l'obscurité. La moindre source lumineuse provoque des pulsations dans ma tête et me donne l'impression que je vais m'évanouir – c'est douloureux à ce point. Il n'y a qu'une chose à faire : dormir pendant une journée et demie. Jusqu'à peu, je n'avais jamais eu mal à la tête. Mon frère s'en plaignait, et je trouvais qu'il exagérait. Je m'en veux aujourd'hui d'avoir douté de lui.

Pour moi, il vaut mieux avoir une bonne gastro. Au moins, on arrive à penser droit. Notre cerveau fonctionne. Tandis qu'avec un fort mal de tête, on ne peut plus rien faire, le cerveau est absent. Les migraines ne sont qu'un élément parmi d'autres des séquelles physiques et émotionnelles de la tutelle. Je ne pense pas que ma famille mesure l'étendue des dégâts qu'ils ont causés.

Pendant treize ans, je n'ai pas eu le droit de manger ce que je voulais, de conduire, de dépenser mon argent à ma guise, de boire de l'alcool ou même du café.

C'est la liberté de faire ce que je veux qui a permis à ma féminité de s'épanouir. Maintenant que j'ai passé le cap de la quarantaine, je refais des expériences comme si c'était la première fois. J'ai l'impression que la femme en moi a été refoulée pendant une éternité.

Et là, je reviens enfin à la vie. En force. Et il n'est pas impossible que j'aille faire un tour à Sin City pour pécher, aussi.

49

Pour la première fois depuis de nombreuses années, j'ai commencé à redécouvrir les avantages d'être une femme adulte. C'est comme si j'étais restée sous l'eau un long moment, ne remontant que rarement à la surface pour reprendre mon souffle et m'alimenter un peu. En retrouvant ma liberté, c'était comme si je regagnais la terre ferme. Désormais, j'allais pouvoir écouter mes envies. Prendre des vacances quand je le souhaitais, siroter un cocktail, conduire ma voiture, me prélasser dans une station balnéaire ou contempler l'Océan.

Je prends la vie comme elle vient, et j'essaie de jouir de ses menus plaisirs. Je suis heureuse que mon père n'en fasse plus partie. Je n'ai plus à avoir peur de lui. Si je prends du poids, je suis soulagée de savoir que personne ne me le reprochera. Je peux de nouveau manger du chocolat.

Dès que mon père n'a plus été dans les parages pour me contraindre à manger ce qu'il voulait, j'ai repris des forces et j'ai retrouvé ma flamme. J'avais confiance en moi, et j'ai commencé à aimer de nouveau mon apparence. J'adore jouer à me déguiser sur Instagram.

Je sais que beaucoup de gens ne comprennent pas pourquoi j'adore poser nue ou apprêtée. S'ils avaient été immortalisés des milliers de fois par d'autres, soumis au jugement et à la validation d'autrui, ils comprendraient peut-être le sentiment de liberté que j'éprouve à me prendre en photo dans des poses que je trouve sexy, et d'en faire ce que je veux. Je suis arrivée au monde nue. Par la suite, on m'a fait porter un fardeau trop lourd. J'aspire à la légèreté, à la liberté. Actuellement, je me sens comme lorsque j'étais bébé : j'ai toute la vie devant moi.

C'est une renaissance. Quand je chante en marchant chez moi comme je le faisais petite fille, j'aime sentir ma voix sortir de mon corps, se réverbérer contre les murs. Je retrouve la joie de chanter – cette sensation est sacrée. Je le fais pour moi, et personne d'autre.

On n'arrête pas de me demander quand je vais reprendre les spectacles. J'avoue avoir du mal à répondre à cette question. Je chante et je danse pour le plaisir, comme au temps de ma prime jeunesse, quand je chantais gratuitement – et non pour le profit des miens. Rien que pour le plaisir et par amour du chant.

Je commence seulement à refaire confiance aux autres et à retrouver la foi. Je sais ce qui me rend heureuse et ce qui me procure de la joie. J'essaie de penser aux lieux qui me font du bien. J'aime les endroits paradisiaques, mes fils, mon mari, mes amis, mes animaux. J'adore mes fans.

Les gens m'interrogent d'ailleurs souvent sur la relation particulière que j'entretiens avec la communauté gay.

Pour moi, il n'est question que d'amour – un amour inconditionnel. Mes amis gays ont toujours été très protecteurs vis-à-vis de moi, peut-être parce qu'ils savaient que j'étais plutôt ingénue. Pas bête, mais beaucoup trop gentille. Et je pense que nombre de gays de mon entourage étaient présents pour me soutenir. Je le sentais jusque sur scène quand ils étaient à mes côtés. Si j'avais le sentiment de ne pas avoir donné le meilleur de moi-même, je pouvais compter sur eux pour me dire quand même que j'avais carrément assuré. Ce type d'amour compte énormément pour moi.

J'ai passé certaines de mes soirées préférées avec mes danseurs. Une fois, en Europe, on est allés dans un club gay, et au début, j'avais l'impression que tout le monde était beaucoup plus grand que moi, on entendait de la super dance électronique et j'ai adoré. Ça me plaisait tellement que j'ai dansé jusqu'à 6 heures du matin, et c'est passé à toute vitesse. Mon cœur battait si fort. Ça m'a fait penser à un moment mystique dans l'Arizona – c'était une expérience spirituelle de se trouver avec des gens alors que je sentais qu'ils m'aimaient inconditionnellement. Avec de tels amis, on peut dire ou faire ce qu'on veut et fréquenter qui on veut, ça n'a aucune importance. C'est de l'amour pur.

Je me souviens aussi d'une fois en Italie où je suis allée à un showcase durant lequel quelques drag-queens reprenaient mes chansons. C'était absolument fabuleux. Les artistes étaient magnifiques. Elles profitaient de l'instant présent et on voyait qu'elles s'éclataient sur scène. Elles avaient le cœur grand comme ça et une formidable motivation – c'est quelque chose que je respecte vraiment.

Quand j'ai été libérée de la tutelle, j'ai enfin pu me rendre à Maui et Cancún, deux lieux de villégiature qui m'avaient manqué. J'ai nagé dans l'Océan, je me suis prélassée au soleil, j'ai joué avec Sawyer, mon nouveau chiot ; et j'ai fait des virées en bateau avec Hesam. J'ai beaucoup lu et j'ai écrit ce livre. Tandis que j'étais en voyage, j'ai découvert que j'étais enceinte. J'avais tellement envie d'un autre bébé ! Depuis longtemps, Hesam et moi rêvions de pouvoir fonder notre propre famille. J'apprécie énormément qu'il soit si stable. Qu'il ne boive pas une goutte d'alcool. Cet homme est un véritable don du Ciel. Quand j'ai découvert qu'on allait avoir un enfant ensemble, j'étais euphorique.

J'avais peur, aussi. Quand j'attendais Sean Preston et Jayden, j'ai souffert de dépression. Cette grossesse ressemblait aux précédentes sur un certain nombre de points – je souffrais de nausées, j'adorais manger et faire l'amour –, et je craignais donc que la dépression ne resurgisse, elle aussi. Je me sentais un peu raplapla, or moi, j'aime me lever pleine d'énergie. Mais ma qualité de vie était bien meilleure, et comme j'étais vraiment soutenue, j'étais persuadée que ça irait.

Avant la fin du premier trimestre, j'ai fait une fausse couche. Dans un excès d'enthousiasme, j'avais annoncé ma grossesse à la terre entière ; j'ai donc dû révéler la triste nouvelle. On a posté sur Instagram : « C'est avec une profonde tristesse que nous vous annonçons que nous avons perdu notre bébé miracle en tout début de grossesse. C'est une tragédie pour n'importe quel parent. Nous aurions probablement dû attendre que la grossesse soit plus avancée pour partager cette bonne nouvelle. Mais nous étions trop impatients. Notre amour l'un pour l'autre est notre force. Nous allons continuer d'essayer d'agrandir notre belle famille. Nous vous remercions pour tout votre soutien. Nous vous prions de respecter notre intimité durant ce moment difficile. »

J'étais dévastée. Une fois de plus, la musique m'a aidée à gagner à la fois en réflexion et en perspective. Chaque chanson sur laquelle je danse ou que je chante me permet de raconter une histoire et me donne un nouveau moyen de m'évader. Écouter de la musique sur mon téléphone m'aide désormais à affronter la colère et la tristesse avec lesquelles je dois composer en tant qu'adulte.

J'essaie de ne pas trop songer à ma famille ces jours-ci, pourtant je me demande ce qu'ils vont penser de ce livre. Comme j'ai été réduite au silence pendant treize ans, quand ils m'entendent, leur arrive-t-il de se dire que j'avais peut-être raison ? Ils n'ont sans doute pas la conscience tranquille et doivent savoir au fond d'eux que ce qu'ils m'ont fait est inacceptable.

À cause de toutes ces années de soumission et du traitement que j'ai subi, je sais désormais qui j'ai envie de fréquenter et qui je préfère éviter. Dans l'ensemble, les médias ont vraiment fait preuve de cruauté envers moi, et ce n'est pas parce que je ne suis plus sous tutelle que la situation a changé. Mon état de santé, notamment, a fait couler beaucoup d'encre. Je sais que mes fans s'en soucient. Je suis libre, dorénavant. Je ne fais que montrer mon vrai visage, et j'essaie de m'en sortir. Je peux enfin faire tout ce dont j'ai envie, quand j'en ai envie. Et je profite de chaque instant comme si ce devait être le dernier.

Être libre, c'est faire l'andouille ou des bêtises et m'amuser sur les réseaux sociaux. Être libre, c'est pouvoir fermer temporairement mon compte Instagram sans qu'on appelle la police pour autant. Être libre, c'est pouvoir commettre des erreurs et en tirer des enseignements. Être libre, c'est ne pas avoir à me produire pour qui que ce soit – sur scène ou en dehors. Être libre, c'est pouvoir me permettre d'être joliment imparfaite, comme tout le monde. Enfin, être libre, c'est avoir la possibilité, et le droit, de trouver de la joie, à ma façon, comme je l'entends.

Il m'a fallu beaucoup de temps et de travail pour être prête à raconter mon histoire. Depuis que je suis libre, j'ai dû me construire une nouvelle identité. Car voilà qui j'étais : quelqu'un de passif et d'accommodant. *Une gamine.* Mais c'est du passé. À présent, je suis quelqu'un de fort et de confiant. *Une femme.*

Quand j'étais enfant et que je m'allongeais sur les galets dans le jardin de nos voisins, j'avais des rêves de grandeur. J'étais en paix et en confiance. Je pensais avoir la force de réaliser mes rêves. Longtemps, je n'ai pas pu faire en sorte que le monde ressemble à celui auquel j'aspirais, mais ce n'est plus le cas aujourd'hui, à bien des égards. S'il m'est impossible de changer le passé, je n'ai plus aucune raison de me sentir seule ou d'avoir peur. Il s'est passé tant de choses depuis le temps où, enfant, je me promenais dans les forêts de Louisiane ! J'ai fait de la musique. J'ai fait le tour du monde. Je suis devenue mère. J'ai découvert l'amour, je l'ai perdu et puis je l'ai retrouvé. J'ai enfin récupéré ma vie, ma force et ma féminité. Et maintenant, je suis bien là.

Remerciements

Si vous me suivez sur Instagram, vous avez dû vous dire que ce livre serait rédigé en émojis, n'est-ce pas ?

Je tiens à remercier toute l'équipe qui a travaillé d'arrache-pied pour m'aider à sortir ces mémoires, à savoir : Cade Hudson, Mathew Rosengart, Cait Hoyt, mes collaborateurs (qui se reconnaîtront), et Jennifer Bergstrom, Lauren Spiegel, ainsi que tout le personnel de Gallery Books.

Enfin, je remercie tous mes fans : je vous suis infiniment reconnaissante et vous aurez toujours une place dans mon cœur. Ce livre vous est dédié.

Cet ouvrage a été composé par Nord Compo

Imprimé en France par
CPI BRODARD & TAUPIN (72200 La Flèche)
en septembre 2023

pour le compte des Éditions J.-C. LATTÈS
17, rue Jacob – 75006 Paris

PAPIER À BASE DE FIBRES CERTIFIÉES

JC Lattès s'engage pour l'environnement en reduisant l'empreinte carbone de ses livres. Celle de cet exemplaire est de :
500 g éq. CO_2
Rendez-vous sur www.jclattes-durable.fr

N° d'édition : 01 – N° d'impression : 3049047
Dépôt légal : octobre 2023
Imprimé en France